作文課後

這樣寫會更好

這是一本特別的作文書，揭開鮮為人知的作文課後現場，
指出實際學生作文問題，並佐以改寫範文對照，
讓你知其然更知其所以然，瞬間提升你的作文力！

寫作很難嗎？由作文名師親自指導。
適用於會考、學測、指考、國家考試等測驗。
找出寫作的迷思、常犯的錯誤等，讓你親臨作文課後現場，
閱讀老師紅筆圈評及改寫後的範文，有助提升你的寫作功力。

施翔程——著

推薦序　令人激賞的作文批改範本

曾勘仁

國文的重要不言可喻，它是學習其他學科的工具，更是一生中與人溝通以及事業發展不可或缺的能力。可惜不少年輕學子並不重視它，國文程度普遍低落。雖然國語是我們的母語，從小在國語文的環境中成長，但因不用心學習，閱讀量又少，結果只能講粗淺的話語，無法使用優美的文字。近年來流行手機、電腦後，國文程度更是每況愈下，所寫的文章錯字百出，詞不達意。報考醫學系的學生，無論生物、化學、數學和英文都可得高分，卻往往輸在國文，作文的成績更是成敗的關鍵。

中國文字的美與其運用的奧妙，是世界上其他文字無法比擬的。經過五千多年的淬煉，從文言文到白話文，已經把文字的意境發揮到淋漓盡致。所以，想學好國文需要下點工夫，想教導國文更不是一件簡單容易的事。

早期國文科上課時數比其他科目多，每週上課五節，後來因課程排擠改為四節，今年實施十二年國教後，課程總綱又把國文減少一節。國文時數一減再減，學生程度更難提升。李家同教授也憂心基礎學科減少將導致學生素質更低落。

教國文最辛苦的工作是指導學生習作。以前大約每兩周抽出一節至二節國文課練習寫一篇作文，平均每學期約寫七至八篇作文。為了彌補批改作文的付出，國文科每週的教學時數比其他科目少二節，但老師仍然覺得批改作文的負擔太重，復因國文科時數減少，於是在教學研究會上決定每學期只寫五篇或四篇，甚至只寫三篇或二篇。前幾年國中基測取消作文時，就有不少國中不再要求寫作文，隔幾年後覺得事態嚴重，國中基測才又重考作文，剛恢復時作文仍不敢計分。

每位老師批改作文的方式差異很大，用心的老師有時改一份作文需要二十分鐘至半小時，經常做到精疲力盡，還會再要求學生多寫幾篇額外指定的作業，例如讀書心得或專訪。他們不但指導如何寫作，還會提出一些資料供學生參考，並要求學生把批改後的文章予以檢討改進。另外有些老師只負責想個題目，把題目寫在黑板上，就由學生自己去發揮或回家寫作，批改作文只是打個分數，加個評語，找出幾個錯字，圈出幾個好詞，並註明日期，就算了事。學生如想寫出好文章要靠自己摸索，或到外面找補習。

施翔程老師是一位非常用心的老師，他是那種為了達成自己追求的教育理想，希望真正把學生帶上來，而不辭辛勞不計代價，在課後加班又加班批改學生的習作的人。強烈的使命感驅策他更進一步把長年批閱學生習作的心血結晶彙集成刊，作為指導學生習作的參考教材，於是計劃出版一些習作範文幫助學子。第一本書《用心智圖寫作文》已經出版，它對學子下筆前的思路與詞彙頗多助益。

另兩本書《作文課後——這樣寫會更好》、《作文課後（續篇）——不用補習，一樣寫出好作文》，可說是學生習作易犯錯誤的資料庫。施老師將批改習作時常見的問題，挑選部分作品，依原文、解說、改寫三個層次，拆分為八大主題。施老師以拋磚引玉、虛心求教的態度出版此書，令人敬佩。被施老師教到的學生，何其有幸！其他的學生有了此二書之後，不必找補習，作文也可以精進了。

（本文作者曾任國立彰化高中校長）

推薦序

半線育才，南風振鐸

沈政傑

一想到作文，我想多數的國文老師都不免想起作業檢查前，夜夜挑燈苦思的夜晚。曾有別科同事問過我，批改一本作文需要多少時間？我當時的回答是「三分鐘到卅分鐘都有可能。」看著同事疑惑的眼神，我知道那是只有國文老師才聽得懂的梗。

因為學生在課堂上苦思五十分鐘後，便是國文老師斟酌評語的磨難。有的老師字斟句酌、眉批夾注，抱著救民於水火中的抱負；亦有些老師基於朽木難雕的無奈，只好以簡單的「八字箴言、四字概述」做為點評，此間差異者，便是三與卅的分別。猶記當時的校長，不僅是國文出身，還兼任國文輔導團的召集人，於是在本校如果採用三分鐘改法，在作業檢查時，輕者遭到退回，重者還得進校長室喝杯咖啡。理由很簡單，校長認為老師在批閱時的建言，是為了點出學生的盲點。唯有藉由夾注、眉批、總括……等意見，對孩子進行多層次的指導，才能自我精進。所以當我看到翔程此書時，不禁擊節稱嘆，這不就是校長眼中的模範示例嗎！精要的直指問題核心提出建議，方能期待孩子在教師聚焦式的評議中，針對不足予以改正、成長。

在此其間，當然也有同仁抱怨孩子始終「執迷不悟、一錯再錯」，那麼老師嘔心瀝血的批閱又有何效果？的確在每次的批閱中，經常見到孩子富含「笑點」的行文。字體有誤、文句不通、成語誤用……似乎成了共通問題。使得在教育現場中，此類的牢騷經常得到教學者的共鳴，慢慢變成一種似是而非的觀點。直到我在幾次研習中，看到試務中心提供的樣卷，我才發現那些讓人很想笑的文章，開始令人感到心酸。我們的孩子在九年、十二年的語文訓練後，竟然連書寫一篇表情達意的短文都顯得困難，那麼教學者又如

何去論述自己的教學成效呢？自此，我開始揚棄那些埋怨，況且埋怨無助我的教學。仔細想想，翔程的用意應也是如此。如果出書是為了賺錢，那麼大可走上坊間寫作指導路線，何必細細剖析諸篇疑難。與其每次都要忍受孩子拙劣的文字，不如一點一滴引導他書寫，那麼才不愧對彼此。

此書是翔程最新的作文兩本專書之一，跳出前著以「心智圖」為主軸的路線，此次他回歸到教學者本身，提醒教學者如何去審視文章本身的缺失。本書猶如學生的問題大全，將許多發生在各國文老師的課堂裡狀況一一羅列。透過本書不僅可讓孩子知道問題所在，也可以由修改的範本，了解兩者的歧異，可說是批閱者的工具書。教學時間或許永遠不夠，但教學的效率卻可藉此提升。假如每位教學者都能像翔程如此分析學生的不足而予以提示，又何必擔心我們的孩子是否能走出「一錯再錯」的困境呢？

（本文作者現為雲林縣輔導團輔導員、土庫國中教師）

推薦序　青春的印記

官廷森

「何謂夢魘？」相信絕大多數的國文老師會回答——作文，尤其是當你於課堂間要求學生練習，學生反向你追討上篇甚至上上篇作文時。一位同事曾在辦公室閒聊，某回深夜他於燈下批閱作文，連續五小時，改到眼冒金星、精疲力竭，就在他準備將最後一疊作文挪到案前時，竟赫然發現那疊是他先前早已改過的了，當下他興奮地跳了起來，直呼那是他最「快哉」的經歷。這種喜悅，僅有國文老師才能體會。

然而，必定也有那樣一個時刻，我們因為孩子動人的作品而悸動、雀躍、擊節，甚至想給他個擁抱，然後豎起大拇指，驕傲地告訴他：「好樣的，你真棒！」作文，不像選擇題，永遠有標準答案；四十個孩子，便有四十種姿態，每個孩子皆以獨特的方式呈現自我生命片段，而我們便是那第一甚至是唯一的欣賞者。此般福氣，亦惟獨國文老師方得領受。

作文課一直是最富挑戰卻也是最為迷人的教學環節。為了將作文課經營得更加多采，我研讀了不下百本的作文書籍，希冀汲取先輩經驗以精進學能，積累多時，腦海也逐漸勾畫出作文教學的藍圖，不過總覺陳義過高，沒有實踐的可能。

去年暮春時節，赴高雄分享教學經驗，席間有位年輕男老師，臉龐漾著微笑，神情專注。他，就是翔程老師。

當日翔程老師即透過臉書與我互動，謙恭地向我請教了幾個作文教學相關問題，我當下盡我所能知無不言地回覆；後來得知翔程老師的專業背景及經歷後，一種魯班門前弄大斧的尷尬與羞慚油然而生。然而，翔程老師非但不以為意，反而大方分享其授課講義，令我感動不已。日前，接獲翔程老師寄來的新書

初稿，細細品讀後，既驚喜又震撼，讓我明白腦海那張藍圖確有搭建的可能。

《作文課後》一書，按寫作架構與元素，臚列兩百餘條學子常犯誤謬，悉心剖析，質量兼備，儼然是一部作文百科寶典，不但適合學子閱讀，對教師亦深具啟發。更教人激賞的是，原文與改寫的兩相對照，此亦是翔程老師一貫的作文教學法；透過翔程老師溫潤才筆的點化，孩子璞玉般的文字被雕塑成瑰寶，粲然可觀。詳盡具體的說明，輔以雋永耐嚼的範文，是我認為最具成效的作文教學法。雖與翔程老師僅有一面之緣，但他對教學的豐沛熱情深深感染了我。

然而，最令我動容的是，翔程老師藉由一篇篇的評閱，攫住師生聚首的剎那，在歲月扉頁上拓下青春的印記，不僅是孩子的，亦是翔程老師的。作文，從來都不僅是作文而已。師生生命的彼此輝映，才是文章寫作與批改過程中最珍貴的部份。

下回與翔程老師相遇，我一定要好好拍拍他的肩膀，甚至給他個擁抱，然後豎起大拇指，驕傲地告訴他：「好樣的，你真棒！」

（本文作者現為新北市板橋高中教師）

推薦序　覓得寫作桃花源

謝素燕

三國時代，名醫董奉有座杏花林，春夏風清，朵朵馨香逸遠的杏花，是董奉悲心善念的化身；清朝盛世，文人袁枚築室隨園，名流雅集，才士文會，在宴飲酬唱聲中，詩心興感著錦文。忝列教席，悠悠三十載，亦常思索：是否也有一座寫作的錦繡園林，能讓莘莘學子春風沐潤，自在悠游，毋須於寫作課堂上，搜索枯腸，無從下筆；苦尋靈感，難於達意。於是利用餘暇，蒐羅汲閱諸家寫作指導用書，雖各有立論，互顯華彩，但鮮有綜融學理，徵引實例，妙用策略的薈萃新作。於茲，有幸拜讀本校施翔程老師大作——《作文課後——這樣寫會更好》與《作文課後（續篇）——不用補習，一樣寫出好作文》二書，喜見其體例備全詳密，先以審題立意、謀篇佈局、修辭敘事為章節，再依序對舉學生習作常犯的缺失樣態。更激賞其內容創新實用，能以揭櫫學生缺失樣態為細目，逐項載列學生習作原文，加上教師評閱解釋與修改建議，並據之逐篇改寫，提供學生觀摩習範，可謂：言缺失，直指其癥結；提策略，立顯其宏用。尤令人讚譽者，乃是翔程老師才情高茂，文筆卓秀，於書中為學生逐篇改寫之範文，抒情溫婉清新、論理圓和閎深、敘事曉暢明達：本書不僅是創新實用的寫作寶典，更是情采逸揚的美文專輯。

至幸有緣能與才俊良師共事相長，深知翔程老師宛如精勤的工程師，一磚一石為學生紮下深厚的寫作根基；翔程老師更猶如春風時雨，一點一滴地滋長化育文學的青苗，才華洋溢著新章，創新發想樂分享的敬業精神，更為新莊團隊的作文教學注入一股新活水。欣聞他將用心於教學的精華結集成書，讚佩衷忱，筆墨難盡，謹撰聯語，申表賀意：

翔鵬慧眼　古今宏觀萬里程
新法靈心　文林斐聲千家莊

衷心盼待新書付梓刊行，深信只要賞閱細覽本書，必能走進翔程老師睿智靈心，「剎那逢遇」定能「永恆優游」，語文創作從此將不再是荒原礫地；因為，這裡有鮮美芳草任品賞，這裡有縱橫阡陌可倘徉。這裡：正是落英繽紛的寫作新桃源。

（本文作者現為高雄市新莊高中教師）

推薦序

探驪得珠的築夢之旅

歐陽宜璋

翔程老師的作文心語，對青年學子而言，是一本深入淺出的切要指南；對於一般讀者如我而言，則是一段探索文心的歷程；而對常常批改作文的國文教師而言，則重溫了字斟句酌的費心叮嚀。

相較於一般的作文範本或魔法書，翔程老師的引導既有概念，又具體紮實。它站在學生作文的平行線，一步一步帶領迷津中的學子，並親自提要示範，具體而適切的把自己的專業，化為同理心的逆向思考。兼顧了主題意象與文字的經營，讓學生從自我作品的句構中，點鐵成金，觸處生輝。

打開這一本書，不但能得到章法布局的要旨，更能見微知著，站在巨人的肩膀上，挹注靈思與文采。

相信本書的問世，能加惠中文及華語世界的閱讀者、創作者及應試者，串連文字與心靈的光明大道。

（本文作者現為北一女中教師、臺大中文系兼任助理教授）

作者序　剎那有時，永恆有時

施翔程

絕藝的湮滅

揮別私校，徙居港都執教，已屆兩年，雖說離鄉背井不免有漂泊之慨，但友善有序的教學環境，卻讓自己的靈魂得獲安穩，不曾懊怒倦困。且不管教學的場域險惡如荒漠，沁涼似綠洲，我身邊始終不乏勤於澆灌桃李的教育夥伴，用著一管管的紅色墨筆，為孩子順理文句。三年一輪的送往迎來，不斷將荒蕪的文心展拓出盎然生機。

看似輕描淡寫的批閱，其實極耗心力，摘拈佳句的慧眼，針砭弊處的手勁，皆賴教師多年經驗的積累。但一篇篇滿載祕訣神功的稿紙，往往在孩子覽觀後便滅跡了，我殊覺可惜，若能妥善珍藏，定能蘊積成一座寶礦，輝照為文字所苦的學子。

那時我便開始思考，這些乍現的靈思，私房的絕藝，要如何賦予它們更恆長的生命？

相遇的鈐印

後來才明白，人力微薄，很多時候我們是身不由己的。時光沛然難禦的力量，不停篡改著原本認知的歷史與記憶。情隨事遷，感慨係之，俯仰之間，已為陳跡。彷彿任何物事，都無能抵抗這個世界的驟變與移化。

直到我想起子曰，想起紅樓，想起倉頡文，想起太白詩。這些文明的留痕，一直強烈而鮮明的，烙印在我們的靈魂中。或許，「立言」會是一份值得信靠的依憑，讓曾經發生過的緣會，得以不朽。

於是我以第一本書，記錄了與兩位國中男孩的相遇；再用此書收藏著兩班高中少年，灼燦如南國陽光的青春面容。

年過而立，我常抱憾自己未將在學時期的作文本妥善保留，那些拙滯青澀的文字，隨著成長而湮散，卻曾是我寫作的源流，今日即使想千金換一字，亦不可得。因此，在撰述本書時，我刻意在行頁間為每一個學生都挪出位置，收藏著他們文章的身世。當他們穿行江湖夜雨，世事滄桑後，於書肆重拾這些熟悉的文句，會不會在心底浮現今日桃李春風的歡聚？

青青子衿，悠悠我心，這些姓名也將成為我教學行旅中的鈐印，彷如臉書打卡後的地標，那樣鮮紅而準確地標舉出我們相遇的緣起。

醞釀與綻放

在孩子初升高三後，在他們鴻飛西東前，我試圖追索永恆的美好，開始了每週的作文練寫與批改。先以紅筆在卷上評分、略改，然後挑選一些值得共評的作品，依原文、解釋、改寫三個步驟，鍵打成講義，半年來累積了幾近十五萬字的篇幅。後半年，則將兩百餘個寫作的弊病，重新編排，先擷取與文章架構相關的：題目、首段、結尾、段落、篇章五個主題出版，其後再規劃與文字書寫相關的：詞句、修辭、敘事等主題以饗學子。這樣龐鉅的工程，曾讓我的手腕痠痛難當，若這是將剎那化作永恆的必然，我只能甘願領受。

在書寫過程中，感謝五南出版社的賞識，願意協助本書付梓，並應允我略顯奢侈的要求，盡可能讓它

隨著六月鳳凰花開時，一同在孩子的掌間綻放。同時，也感謝所有賜序的諸位教育前輩，願在掌鐸之餘，為本書的初誕給予祝福，我不勝感激。

作文的航道

行遊國文教學的淵海，悄逾七年。我不是善言的嚮導，無法在眾人面前闊談其中精微，我僅是一位舟子，始終緊握槳舵，安靜地在作文的航道間擺渡，為一些願意前來親近的孩子，引渡到他們渴望的彼岸。

每一次的發想與著作，亦如行舟的啓程與返航，懷抱夢想而去，滿載經驗而歸。三年前出版《用心智圖寫作文》，是我準備建構寫作範本的起步，提供並引導學子下筆前的詞彙、思路與文本。《作文課後二書，則意欲架設出一座寫作易犯錯誤的資料庫，用具體的對照改寫，來協助學子印證抽象的評語和針砭。

何謂前後呼應？何謂實題虛寫？何謂離題與偏題？何謂冗贅與膚淺？在本書皆能找到詳盡的探討與分析。

拋出此磚，是為了引出更珍美的寶玉。若您覺得解說得過於主觀或偏頗，請不吝指正；若您覺得哪個篇章寫得切中肯綮，也請給予回應與鼓勵；更重要的是，不論您是教學先進與青年學子，若手邊有更值得討論的批改文本，也歡迎來信提供，待本書改版時作增補之用。

謹誌於　高雄市新莊高中國文科

民國一〇三年六月

目錄

Chapter 1 關於題目，要注意的是

目錄

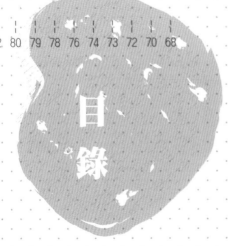

目錄

Chapter 3 關於結尾，要注意的是

目錄

Chapter 4 關於段落，要注意的是

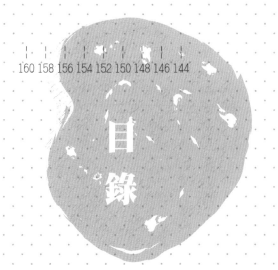

目錄

Chapter 5 關於篇章，要注意的是

目錄

Chapter 1

關於題目，要注意的是

01 未讀清題意，完全離題

題目

你注意過鄰座的那個人嗎？

當我們坐著時，旁邊常有別的座位：教室裡、補習班、自習室、圖書館、大眾運輸工具上，甚至是拉麵店的吧檯邊、便利商店的落地窗下、網咖的電腦前、家裡客廳的沙發，鄰座都坐著形形色色不同的人。這些人裡，有同學，有朋友，有點頭之交，也有陌生人，甚至也有可能是家人、愛人、寵物或仇人。不論你的鄰座坐的是誰，你觀察過他嗎？有沒有偷偷想像過，隔鄰的他正在想著什麼？而你是否有想過，在他的眼中，你又是一個什麼樣的鄰座人物？

現在請以「鄰座」為題，寫一篇完整的文章。文長七百字以內。

（國文學科中心徵文）

原文

題目／鄰座　段落／第二、三段　學校／新莊高中　作者／蕭宜珊

她是我最好的朋友之一，我們會在午餐時間併桌用餐，話匣子一打開就忘了吃飯；在放學後並肩同行，到了補習班繼續相互砥礪；當我遭逢家中變故時，在我身旁替我打氣；撫慰我心的人也是她。我們上了國中才相識，卻常有人誤以爲是一同

長大的幼時玩伴。的確，在不知不覺中，我和她的關係越趨親密，她就如同空氣一般無時無刻不參與我的生活，而我則依賴她甚深。

只是，看起來再怎麼平靜的海面，也有不少礁石藏伏其中。漸漸地，她和我少有接觸，聚會的場合也避開，頓時間，我感覺她在短時間內築起一道看不見的柏林圍牆，硬生生地將原本是生命共同體的我們拆散了。鄰座的他變得令人難以捉摸，鬼鬼祟祟的每一個小動作都像在隱瞞一個天大的祕密。後來我才知道，升上國三時，爲了因應各種考試，她利用我，作弊好多次。（327字）

解釋

1. 題目詢問的重點是：不論你的鄰座坐的是誰，你觀察過他嗎？隔鄰的他正在想著什麼？在他的眼中，你又是一個什麼樣的鄰座人物？
2. 以上諸點，原文完全沒有觸及，兩人互動場景也沒有安排在座位上。作者將〈鄰座〉寫成了〈我的好朋友〉。

改寫

我習慣坐在公車前座，透過前方的大玻璃窗，瀏覽城市風光。走道的另側，則固定坐著一位男孩，穿著稍有皺褶的制服，安靜地坐在那小而窄的空間中。他總是低垂著頭，展讀著手中的書頁，一刻也不曾浪費。我愛端詳他俊帥的側

臉，額前飄逸的髮絲，鼻樑高挺，還有髭鬚初長的下頷。已忘了什麼時候開始留意他的存在，大概是某次發現他捧著一本張曼娟的作品翻看，那是我極爲鍾愛的作家，自此，他讓我感到親近，因爲有著近似的閱讀品味，便會有頻率相當的心靈震顫吧！

我開始留心他閱讀的書籍，也發現他會以不同的姿態，來領受文字的魅力。品味散文時，他的嘴角總是若有似無地輕揚；覽閱小說時，他便眼神專注，不時點首以對。我偶爾會到書局，覓著今早他捧讀的書冊，翻找究竟是哪一頁的情節，攫獲了他的視線。我發現了他許多有趣的特質，只可惜公車路程短暫，無法瞭解得更多。但這短暫交會的光亮，已讓原本枯燥的通勤生活充滿樂趣。

某天，當我又刻意窺望著他的側影，他卻恰好轉頭，對我微微一笑。我趕緊別過臉，避開了那灼炙的視線，但心跳已鼓動未止。

我們從未攀談，在晃擺的車廂中，始終維持著一個車道的距離。我熟悉他身形的每一處輪廓，卻對他的一切無所知悉。直到有一天鄰座的位置空了下來，我才意識到，他就這樣從我的生命離席了。此情可待成追憶，只是當時已惘然。如果當時可以勇敢地問候，交換信息，此刻的惆悵是不是會比較淺淡？

他是畢業了嗎？還是改換了一種通勤方式？他會牽念我這段時日的陪伴嗎？他離去的緣由已不可考，待得時過境遷，他在我心中的身影也會逐漸模糊吧！

我忽然明白，這一個小小的鄰座，無人可以長據，隨緣聚散，如此而已。或許多年後，我再搭乘同一路線的公車，我會看見一位男人，穿著筆挺的襯衫，安靜地坐在那小而窄的空間中，微笑地說：你還記得我嗎？（729字）

02 審題不當，岔出題意(一)

題目

從沒有完美無缺的人。有人熱情奔放，卻顯得躁進；有人追求成效，卻顯得唯利是圖；有人多情浪漫，卻顯得優柔寡斷；有人沉穩耐勞，卻顯得駑鈍愚憨。

你覺得自己有沒有不夠美好的地方呢？不管是外表、性格、智慧、談吐……，將之簡略說明，並試圖思考，有沒有什麼機會可以修正它，改變它，讓自己能慢慢變成一個近乎完美的個體？請同學以「發現自己的不完美」為題，深入剖析自身的缺點與不足的地方，並提出修正改進的方法。

原文

題目／發現自己的不完美　段落／第四段

學校／新莊高中　作者／王棋

我們常說：「一樣米養百種人。」看著似乎是不太好的話，事實上卻是好的，正因爲有百種個性，我們才能活出自我；正因爲活出自我，我們才擁有活力無限的社會。發現自己的不完美，然後接受它！活出「自己」！（95字）

解釋

1. 細察題目的要求，應是：「發現自己的不完美，然後修正它！」但原文結尾，居然導引到：「發現自己的不完美，然後接受它！」此爲偏題之大忌。
2. 文章除題旨外，若另想發人所未發，則篇幅必定要足，段落比例也要安排妥當，才能面面俱到。
3. 若以「發現自己的不完美（事關重大的缺陷），然後修正它！」爲主，篇幅較長；倒數第二段再以「發現自己的不完美（無傷大雅的缺陷），不要苛求自己，不妨接受它！」作爲文章轉折，稍微帶過；感想則以「人無完美，只有不斷地成長與懂事」作結，便顯得較爲周全。

改寫

大家都知道沒有一個人是完美的，有的人家財萬貫，卻無法過得輕鬆愉快；有的人創作豐富，卻未受到重視；也有些人聰明絕頂，態度卻相當高傲。這些例子在我們生活周遭都能得到印證，但有些人不願接受，想追求完美的境界，而過去的我即是如此。

國中三年是我內心情緒起伏最大的時期。那時想在課業上表現至最好，我要求自己拿下班上每一次考試的第一名，這樣的想法幾乎占滿我的腦海，因此大部分的時間都投入在念書中，無心留意朋友，也不想花時間在休閒娛樂上。雖然拿下多次第一，但就是達不到要求，因爲過高的期望，使我容易患得患失，造成表現一直不穩定。此外，在追求課業表現的期間，我和朋友的關係也漸漸疏遠，即使後來我努力挽救，也回不到最初的樣子了。這樣的深刻經歷，讓我眞正認識自己，所以我下

定決心在步入下個階段後要有所改變。

在高中我深感人外有人，天外有天，即使我認眞念書，也無法得到第一，但這已不再重要。此時我有許多朋友，和他們在一起時的喜悅可以驅散課業上的灰心，而且有問題時可以互相幫助，鬱悶時也能找他們聊天，即使課業壓力再大，都能得到紓解。我轉換心態，不再追求完美，而是把握自己所擁有的。課業上我只求盡心盡力，超越自己，調整對成功的看法，不給自己背負超出己能的期待，只要努力不懈，不畏艱難和挑戰，對得起自己的心就好。

追求完美的心態，容易使人走向極端，當人走入極端就無完美可言；我們應該跳脫這種想法，雖然它看似努力就可達到，但這個目標是空虛的，不但沒有終止，陷入越久，會更加迷失自我。人生其實不需要完美也可以過得快樂，方法就是要接納自己。（吳庭佑）（651字）

03 審題不當，岔出題意(二)

原文

題目／平淡的真諦　段落／第一段、第二段　學校／新莊高中　作者／林泳銘

平淡的幸福，並不是指安於現狀的生活。不滿足是很多人的通病，連我也不例外。追求流行時尚、喜新厭舊，都是一種不滿足的表現。而要瞭解平淡的眞諦不外乎是「知足」一詞。爲何說知足才能感受到平淡的幸福呢？舉例來說：假日時，全家人一起出遊，遍覽山林美景，即覺得身心與大自然合爲一體，好不快活。但對於在地人來說，他們能有此感受嗎？通常不會，但這又是爲何呢？

習慣，使我們把一切事物變得理所當然，就是這理所當然將我們從平淡的幸福中引導出來。對於居住在喜馬拉雅山山腳下的人來說，山理應如此雄偉；對於愛斯基摩人來說，雪應如此潔白；對於熱帶雨林處的居民，陽光理應如此耀眼，但對於外來的人來說，這些美景就好比沙漠中的綠洲如此令人驚奇。因此，習慣讓我們忘記了知足。（317字）

解釋

1. 〈平淡的眞諦〉一題是要我們書寫：何謂平淡？可以說說你生活中體驗過的平淡的感覺嗎？它對你有何影響？
2. 原文第二段偏離題旨，寫成了：習慣之後，就覺得平凡無奇，不再知足。

改寫

白麵熱湯，木碗竹桌，是飲食的平淡；花開花落，流水潺潺，是歲月的平淡；牽手漫步，偕觀夕陽，是愛情的平淡。平淡絕非裹足不前，而是感受當下；平淡也不是空乏枯燥，而是雋永味長。

曾經在都市生長的我，被五光十色的繁華迷惑了心性，認爲追求流行時尚才不枉此生，喜新厭舊才能與時俱進。乍看之下，生活變得熱鬧紛呈，我卻沒有察覺心靈逐漸荒頹虛無，我的慾望飽脹，我的理想空無，當生命僅剩下感官的放縱，生亦如死。

直到父母離異，我返回鄉間定居，才把我拽離那個紙醉金迷的環境。我開始下田務農，感受腳踏實地的樸實，在體力勞動中，自我便漸漸消融了。夜晚仰臥在長椅，看著星子排列出的圖騰，馳騁想像……（282字）

04 未扣緊題意㈠

可參看 CH5〈02 題目若有明顯主題，行文應緊扣之〉。

題目

龍應台在〈（不）相信〉文中寫道：「**二十歲之前相信的很多東西，後來一件一件變成不相信。……二十歲之前相信的很多東西，有些其實到今天也還相信。……那麼，有沒有什麼，是我二十歲以前不相信的，現在卻信了呢？**」

請選定一件不管你過去相不相信，現在卻深信不疑的事物、道理作為材料，以「相信」為題，寫作語體文一篇。

（99北模）

原文

題目／相信　段落／全

學校／新莊高中　作者／莊鎬璟

棒球是我國的國球，每當有國際的棒球賽事總是會吸引許多人關注，不論是少棒還是成棒。然而職業棒球在臺灣並沒有像在美國、日本一樣盛行，大概是因爲一連串的假球案讓球迷們漸漸對球員在場上打球的態度失去信心吧！

在爆發假球案之前，我是一個死忠的球迷，但也只是透過電視觀看轉播罷了。之後假球烏雲籠罩職棒環境的時候，我也跟其他人一樣，開始不相信這些球員們在

比賽中的表現，感到極度憤怒、痛心。不過在一次因緣際會中，我到了棒球場看球，那是我第一次進場看球。一開始我抱著打發時間的心態進去觀賞，結果我被那些球員們奮鬥的英姿所深深吸引。他們使出全身的力量投出每一顆球，他們將身體延展到極致飛撲，他們奮力地把球打到全壘打牆外，再加上啦啦隊賣力地嘶吼，這都是在電視機前面沒有辦法體會的臨場感，這次我徹底感受到了。

經過這次的經驗，讓我相信：運動員是最能奮戰到最後一刻的人，他們絕不放棄任何一絲希望，直到比賽結束。

在那之後，不論是在電視機前觀看，抑或是進棒球場看球都成爲我假日的休閒活動，因爲我相信這些球員們會有更精采的表現。（446字）

解釋

1. 題幹的要求，是要同學從一件不管你原先相不相信的事件，轉變爲相信的過程。
2. 第一段的段旨「對球員態度失去信心」，其中「失去信心」的意涵等同於「不相信」嗎？
3. 第一段與第二段開頭，都強調不相信的原因是來自「假球案」。但後文中，此因尚未排除，就因「進場看球」而重燃熱血，無法說服讀者。且第二段段意全無「相信」的意涵。
4. 第三段的段旨爲：我相信運動員能奮戰到最後一刻；第四段的段旨變爲：我相信球員們會有精采的表現。與整篇文章本來所著重的「相信比賽的眞實性」，完全不一致。
5. 改寫部分的紅色字句，藉由相信與不相信的穿插，象徵作者心中的茫然與搖擺。最後因感染球員的熱血，才轉爲堅定相信。

曾經我相信，棒球是值得我們臺灣人驕傲的運動，因爲它帶著我們揚威國際，一顆白球，牽動著我們的情緒與神經。但後來，我對它產生了懷疑，在一連串的假球風波後，我不相信賽場上的輸贏來自於奮戰；我不相信球員追求的，是榮譽而非金錢。

相信可以創造許多神話，懷疑卻能摧毀一切現實。我與眾人一樣，退出了觀眾席，冷眼看著收賄的球員判刑、匿跡。至於僅存的球員，我也不肯相信他們是純白無瑕的，反而詛咒著這個沉淪的組織，趁早崩毀。在信任瓦解後，憤怒與憎恨，填補了它的位置。

但我眞的放棄了它嗎？相隔一段時日，我這樣問起自己。其實沒有，雖然我已不入場觀賽，但仍會在報紙上面關注著職棒的消息。我心中似乎仍相信著他們會東山再起，即使這盼望何其微渺。在那段慘澹的時日，有些人放下球棒，另尋出路，但仍有人從頭至尾，不肯棄守他的崗位，如同那個名爲恰恰的球員。

慢慢地，我開始零星地入場觀賽，釋出善意，爲了那些有著強大信念的球員。他們投球、揮棒、跑壘、飛撲，汗水噴濺如雨，手筋盤結如虯，傾付所有的奮戰精神，逐漸感染了我，我重新吶喊，重新爲那顆白球的起落而在意。我相信球場上這些屹立不搖的球員，屢受逆境而不倒不逃，值得我們尊敬，值得我們重新把最寶貴的信賴，贈與他們一次。

他們沒讓我失望。亞錦賽時，他們揮別陰霾，贏得了臺灣人民的讚賞；亞錦賽

後，職棒熱潮再起，流散的觀眾再度回籠，重新擁抱大家所摯愛的棒球運動。我相信在數次逆境的淘選下，球員會更珍愛這得來不易的機會；我相信眞正的運動員定能奮戰至最後一刻；最重要的，我相信臺灣人民敦厚良善，只要願意反省認錯，他們永遠會義無反顧地，伸出強而有力的臂膀，扶你一把。（677字）

05 未扣緊題意(二)

原文

題目／發現　段落／第二、三段　學校／新莊高中　作者／王寶雯

我曾經追求過擁有好成績，認定只要成績優秀，未來無可限量，當我埋頭書堆時，別人在外面學了許多技藝，或長笛，或繪畫，或獨立自主，我一抬頭才發現，在自我介紹的特長那一欄，我只能看著別人一長串的字，默默地填上「會讀書」。這時我深刻地感受到挫折，才發現我落後了別人多遙遠，於是停止了腳步，來深入我的發現，不再盲目於追求成績。

我開始學習寫廣告字體，一筆一畫再累也不喊停；學習吹奏中國笛，就算剛開始吹不出聲音也不放棄；學習西班牙文，聽不大懂也不氣餒，我很高興能有這個發現，讓我不再僅局限於一隅，而能發展自己的興趣，甚至變成特長，現在的我，不用再左顧右看，怕別人發現自己只寫了三個字，而能洋洋灑灑寫下一大串了。

（297字）

解釋

1. 原文第二段可加入一個概念：「發現」別人的精采、對照自己的貧乏。
2. 原文第三段前面可放入：「發現」其他領域之有趣。
3. 結尾感想，可對照原文與改寫的紅色文句處，後者更顯力道。

改寫

我曾經一味追求好成績，以爲它可以給我無可限量的未來。但與同學的相處中，我慢慢發覺不同的精采，有人精擅繪畫或樂器，有人獨立有主見。但自己呢？只曉埋首書堆，不斷演練習題，我驚見自己生命的貧乏。

我不甘如此，開始探掘不同領域的趣味。我學寫廣告字體，解構線條之美；我練奏曲笛，玩賞中國傳統的聲韻；我習讀西班牙語，想藉之體驗另種文化。我欣喜於這樣的發現，因爲它讓我尋著生命裡不同的視野。原來，發現是一種突破，是一種改造，讓自己卸下往日的窠臼，換上嶄新的體貌。（222字）

06 加個句子，就能夠更加切題

原文

題目／我理想中的教育環境　段落／第二、三段

學校／新莊高中　作者／陳庭安

充滿競爭壓力的情況下，臺灣的學子幾乎呈現了畸型化的現象，有些人甚至爲了升學不擇手段，作弊、代考、靠關係升學的現象層出不窮，學生的素質也越來越低落，上課睡覺、玩手機，甚至煮火鍋的誇張行爲也出現，而這也造成了國家競爭力降低，實爲非常嚴重。（117字）

反觀芬蘭等北歐國家，大型圖書館內，平時即不難看到手持書本閱讀的人，從黃髮到垂髫皆有；走進校園，正在討論中的群組也屢見不鮮；進到博物館，有時也會看到鄰國學校帶領學生參觀，並解說該展覽品。而這正是臺灣教育缺少的，考試的壓力削弱了求知的意願及扭曲了讀書的目的，制式化的教學內容限制了學生的思考模式，沒有實地走訪的興奮及滿足感，只有眼巴巴看著圖片的壓迫及空虛感，若還能念得好，總是會被冠上「不是人」、「變態」等封號。（204字）

解釋

1. 最大的問題，便是有離題之嫌。題目是〈我理想中的教育環境〉，第二段寫「臺灣教育的弊病」，第三段寫「芬蘭教育的優點」，那麼，你理想中的教育環境呢？
2. 其實，只要在第三段開頭改爲：「我理想中的教育環境，便如同芬蘭等北歐國家一樣……」便能切題了。
3. 原文另有：文字口語、句意含糊不清的缺點。

改寫（第三段）

我理想中的教育環境，便在芬蘭這個北歐國度實現了。圖書館裡，人人捧書而讀，非爲升學或謀職，而是各自展現著對知識的渴盼。校園裡，也沒有埋頭寫卷的詭異景象，取而代之的，是師生的互答與交鋒。或是拋去冷感無味的課本，來到城市的博物館，親炙藝術與文化的薰陶。

我也認爲，短暫的職場體驗亦是學習的必需。讓學生藉此試探性向，瞭解各項職務的甘苦，明白校內所學理論如何用於實務，並可審視自己挾具的競爭力是否不足？（195字）

07 不是將題目反覆在文中重提，就是切題

原文

題目／知足　段落／全　學校／新莊高中　作者／王寶雯

有人說：「知足常樂。」但何謂知足呢？有人有權有勢才知足，有人富冠天下方知足，有人美人在抱且知足。我卻不那麼認爲，於我來說，一溫暖家庭，一知心朋友，且尚可生活，已足矣。

出生在一溫馨家庭，上有一位兄長，對我寵愛有加，一對和睦的雙親，雖不是大富大貴，但我已滿足。從小，成績雖不是一帆風順，也常有對自己學習狀況感到不滿足的時候，但是一路下來，已漸漸看淡了這件事，從一開始未達滿分的羞憤難堪，到現在跨過平均的處之泰然，不是不求上進，只是一直地追逐，我累了。

一直以來，對於成績，我總是不滿足，只是有時累了、倦了，便停了，以爲自己知足了，卻不然，只想越爬越上面，便一味地去爭，去鬥，絲毫不認爲這樣已足夠。可是我茫然了，一直以來的求上進、求第一名，讓我患得患失，我不快樂，很不快樂。直到看到那四個字，我釋然了，決定維持在差不多的排名上，那便是「知足常樂」。

「一簞食，一瓢飲，居陋巷，人不堪其憂，回也不改其樂。」顏回的知足，令我非常佩服，也非常嚮往，窮困潦倒，卻還能樂在其中。有人不屑知足常樂？這便是一個例子。知足，不是完全放手，只是不要握得太緊了。（466字）

解釋

1. 「知足」一詞不斷重複，有詞窮之感，有累贅之嫌。應該在敘述、抒感中去帶出「知足」的氛圍。
2. 原文用詞，一半凝鍊，一半冗贅。
3. 以考試成績當作「知足」的素材，不甚恰當。
4. 第一段末，即說自己已知足，後文如何爲續？此概念宜改置文章中後處，先由自己的「不知足」談起，再轉爲「知足」的概念。

改寫

古語常云：知足常樂。點醒了多少渾噩度日，慾深谿壑的世人。有人原盼站上峰頂，卻忽有攀援青天之志；有人本求權霸一方，卻續有掌握天下之念；有人初想日進斗金，卻漸有富絕當代之慾。知易行難，或許這便是人性吧！

對於家境的困窘，我曾經覺得貧乏而難過，飲食粗劣，沒有額外的娛樂，日常器用也常與兄弟姊妹共享，直至不堪使用才會換新，如同我身上這件充滿皺痕的裙裝。直到我看見鄰居夫婦因家用分配而爭執，同學因沉溺資訊用品而荒誕度日，我

才捫心自問：這眞的是我想要的嗎？

我極愛飯桌上的歡聲笑語，縱使食不兼味；我也耽戀雨天水窪間的紙船競渡，比起電玩更有溫度和趣味；當我讀著哥哥給我的參考書籍時，上頭的筆記和鉤劃都像是他親切的提點。我才發現，那些對物質的在意僅是浮華的錯覺，親情與情感才是我難以割捨的部分。當我知曉內心的渴望後，一切便顯得滿足無怨了。

我極愛孔子稱許顏回的那一段話：「一簞食，一瓢飲，居陋巷，人不堪其憂，回也不改其樂。」那是種不被名利所綑縛的逍遙自在。對我來說，知足便像虛掌盈握的手，值得我們珍惜的就小心護持，需求以外的，便鬆手不再競逐。（460字）

08 虛題要實寫，才不會浮泛不清

原文

題目／永恆　段落／全　學校／新莊高中　作者／陳建霖

光陰，彷若是那長江的東流水，我們看不見那盡頭，也不曾看它歇息片時；我曾拿起那叢裡最火紅的花，想抓住這世界的美，而我卻發現它逐日地枯萎，花顏不再，花香飛散，原來我所抓的只是時間河流之中，毫無方向，只是隨那時間而流逝的一點紅罷了。

四季之替、青春的流逝、世代的轉換，無一不是在時間水流中的浮物，沒有選擇地，不斷前進。我總是獨自一人，坐在那皎潔月下沉思，也總是想沉出個良策，一個能將時間之流動爲永恆的良策。依然記得小時候的公園，那翠綠沐著我的身軀；還是記得那海水的清澈，那波光倒影出了我稚嫩的笑容；就這樣，我暢遊在那流逝的記憶，卻遊不出個所以然。

而就在這愁於光陰之荏苒的片刻，我也勃然興起，想去翻一翻那幼時的照片。打開相本，除了灰塵占領了我的童年，更看見那照片的泛黃，但翻也翻了，還是毅然決然地打開這道存封已久的門。一張張的照片，勾起了那沉落腦海的印象，掀起

腦中喜悅的滔天大浪，那悸動，由裡而外地包圍了我的靈魂，耳邊好像聽見了那海浪的腳步聲，一陣熟悉的味道撲鼻，是——永恆。

原來，那片刻的環繞，是永恆的記號。時間無法永留，卻把任意門寄託在那記憶中，而那片刻的記，就成了它留下的——永恆。（489字）

解釋

1. 此篇讀之虛浮，抽象情感過多，非常不落實。且詞溢乎情，冗句冗詞多，並有文字的脫誤。原文的紅色文句處，不知所云。
2. 抽象的題目，中間的敘事一定要具體，貫穿全文的主軸也要清楚明白。虛題要實寫，才能以具體敘述爲基礎，撐起抽象的想像與情感。
3. 改寫的紅色文句處，即是用「描摹具體的事件」，表達「抽象的永恆涵義」。

改寫

光陰彷若東流水，望不見它出海的奔闊，也等待不到它歇息的片刻。一叢深色花，我曾折取最美的一朵入掌，以爲便能緊攫瞬逝的美好。直至花枯葉垂，香魂四散，才驚覺面對世間的驟變，自己是如此無力。

四季遞嬗、青春漸老、世代改換，時間不斷沖蝕著我們的僅有的珍藏，我原是坐擁寶山的富者，卻漸漸察覺到自己的困乏。在皎亮的月色下，我細數著被竊取的

物事，像是母親的黑髮、自己的童年、故居的磚瓦、摯友的蹤跡。對我而言，只有永恆的孤獨，絕無永恆的幸福。

直到我翻閱起櫃底的一本老相簿，灰塵陡起，留影泛黃。但它畢竟留下了許多物事的輪廓，清晰如昨。年輕的母親撫抱著幼子，用如緞黑髮交換了下一代的成長；初長的我背起書包，由懵懂童孩蛻變爲知識青年；遮風擋雨後，故居由煥亮而頹圮；三年共硯後，摯友亦留下許多情誼讓我取暖。我不斷破譯著舊相片封鎖著的祕密，原來那些消逝，只是換了一種樣貌存在著，非但沒有被竊取，反而更增添了生命的深度。

壽命難以久續，成長不可逆溯，建築無法長存，情感難以保鮮。但是記憶卻能複製當下的情貌，供我們穿梭取用，重溫美好。對我來說，這便是一種足以跟時光抗衡的永恆。（472字）

09 實題要虛寫，才可以帶出深度

原文

題目／筆　段落／全　學校／新莊高中　作者／吳雨芹

筆是每一位學生的必需品，也是每天使用頻率最高的物品，但在筆的使用及選擇上卻有不同程度的差別，有人愛好實用，有人則講求美觀，有些人不停地換新的筆，有些人則一枝用了好幾年。

在國小或國中時期，筆總是有一波一波的流行風潮，常常在電視廣告中出現的筆，馬上就會在一些同學的鉛筆盒裡看到，或是發現朋友們都在用某一種筆，自己就會想跟進。因此，這個時期會有大家都在用同一種筆的情景，可能是因爲它好用，也可能因爲外型，又或者因爲它是最新的，不管是什麼理由，對國中國小生來說都不重要，只因爲它正「流行」。

到了高中，每個人都有自己的用筆習慣，所以也不太會去在乎現在流行什麼筆，但大部分都講求實用、好寫。有人願意花較多的錢去買好寫但過沒多久又得換筆芯的筆，有人則認爲便宜能寫並且使用時效長的好，而我則是愛好特別的筆——較不費水的色筆總是愛買花樣可愛的，常用的黑筆和紅筆則選好寫及筆水多者，這

種通常會貼上可愛的膠帶來凸顯它的不同。在此時期大家對於筆都有自己獨特的想法。

不管是哪一種用筆方式，或選哪一種筆，我認為只要適合自己，或自己用得開心就好。（455字）

解釋

1. 題目為具體的物品——筆，自然可以從我們指掌間之筆做切入，但若是全篇皆圍繞於此，便顯得庸俗。
2. 自中間段落，應開始將文章的層次拉高到「創意」、「文化」、「藝術」等筆的抽象意涵，才能讓文章更具深度。

改寫

曾有許多筆，在我的指掌間流轉來去。初脫蒙昧，母親贈我一枝鉛筆，習寫著扭曲歪斜的國字，記認符號後的意義；及長，書寫謬誤漸減，改用原子筆謄寫作業，自詡成熟練達；後來用毛筆摹字，彩筆作畫，上繳一份份回家作業。那時的我並不快樂。筆彷彿我們學生無法掙脫的刑具，逼使我們反覆演練著枯燥的試卷，不斷產出毫無靈魂的作品。我常常盯著指節間的筆管發愣，試圖解讀其中的勃然生機。

國中時期，我開始伏案創作，終於察覺到那不斷自筆尖噴湧出的驚喜。一筆在

手，詩人抒懷，文人述志，哲人立說，聲名自傳於後。平凡如我，也開始典藏自己的片段史蹟。我能錄寫某一分秒的經歷與物景，也能狀摹來去無跡的情緒，或在桌燈的映照下，以筆交相詰問，揭露出最眞實的自己，釋放難以言說的情緒。

習寫有成，對古人夢中彩筆之說，我斥爲無稽。筆無優劣，才有高低，雖說欲善其事，必握利筆，但厚積的實力才是令人驚艷的關鍵。書畫的線條與墨色，各有其獨運的匠心；詩文的感發和意旨，亦賴作者生命的凝思。

我也慨嘆，跨入資訊時代後，提筆寫字的機會減少許多，總在有限的詞彙選項中拼湊文句，僵直死板的細明體也毫無創作者的溫度。我永遠記得，作家王文興在電影《他們在島嶼寫作》的鏡頭下，刻字求文的畫面，一天只寫數十字，對文字精鍊的要求到達了極致。如今文字訊息因爲電腦、手機得以流傳廣布，卻少了類似的堅持。

於是我告訴自己，我寫故我在。我們下筆未必有神，未必能對世界發聲，未必能無中生有，創造藝術的永恆。但，促使我們不斷書寫挖掘生活的靈光，才是一桿短筆降生於世的原因。（636字）

10 筆調的硬軟，應符合題目的需求

題目

二〇〇九年八月，莫拉克颱風所帶來的驚人雨量，在水土保持不良的山區造成嚴重災情，土石流毀壞了橋樑，掩埋了村莊，甚至將山上許多樹木，一路沖到了海邊，成為漂流木。

請想像自己是一株躺在海邊的漂流木，以「漂流木的獨白」為題，用第一人稱「我」的觀點寫一篇文章，述說你的遭遇與感想，文長不限。（98年學測）

原文

題目／漂流木的獨白　段落／第二段　學校／新莊高中　作者／陳韋名

就這樣，我一個人獨自漂流在浩瀚無涯的大海上，隨波逐流、無拘無束。李白獨自一人遨遊在山林間，創作出絕世好詩：「空山不見人，但聞人語響。」在我身上則是「大海不見人，但聞浪聲響。」陶淵明在〈桃花源記〉中，將自己影射爲一漁父，無意之間飄進了他的理想世界——桃花源——裡。對我而言，這片大海就是我的烏托邦，在這裡的我自由自在，一切萬物隨我而行。蘇軾在顛沛流離的的貶謫生涯中作了一文〈超然臺記〉說道：「凡物皆有可觀。苟有可觀，皆有可樂，非必

怪奇偉麗者也。」看似平凡無奇的大海，對我而言卻是最千變萬化的風景，海面上的寧靜、海底下海流的洶湧，這些都是我所樂的。（266字）

解釋

1. 軟性筆調爲：抒情、敘事、摹寫；硬性筆調爲：議論、說明、舉例。
2. 本題爲考古題，題幹除提及莫拉克風災，且敘述：「用第一人稱『我』的觀點寫一篇文章，述說你的遭遇與感想，文長不限。」應是要求考生就樹木眼光，反思人類破壞環境的作爲。
3. 是故，本文氛圍應圍繞於感性、溫柔、傾訴、遺憾、哀愁……，不會有快樂愉悅的情感或是引經據典的議論。

改寫

不知過了多久，浪潮已不再洶湧，耳中開始迴盪著不曾聽過的鳥叫聲，眼睛還來不及張開，鹹味就從口鼻一口氣灌進來。這兒一定是傳說中的大海，聽神木爺爺說過，那是一望無際的鹹水，因爲鹽分太高幾乎沒有植物可以藉著它生存。當初我還以爲那只是玩笑話，但剛剛灌進嘴裡的鹽水還眞鹹得難受。

我仍然不敢睜開雙眼，怕見到廣闊的大海之後會使內心更加恐懼，我在世界的哪裡？我又會被送去哪兒？我到底該怎麼辦？即使不睜開眼睛，心中的驚惶仍不斷在增加，顫慄的淚水從眼角滑出，沿著臉龐滑進嘴裡，但我已經嘗不出它究竟是不是鹹的了。或許這無邊無涯的大海，正是這世界各個角落的淚水匯集而成的吧！

（吳兆惟）（275字）

11 用題目造句編問題，用以找線索

可參看CH5〈19自我檢討時，用五W法檢驗文章的缺漏〉。

原文

題目／為自己加值　段落／全

學校／新莊高中　作者／鄭長霖

在這個競爭激烈的社會下，在我們還未出社會的高三生活中，就已意識到身上的擔子愈來愈重了，而如何爲自己加值？也隨之成爲了一門重要的課題！

今年的中秋夜月圓人團圓，隨著年紀的增長，原本嘈雜的嬉鬧聲不再，轉變爲寧靜的閒聊，在明亮的月光下我和叔叔聊起他的人生歷練；述説著自己如何失業轉而去賣臭豆腐，再麻雀變鳳凰至今已成爲公司的總經理！其中他提到「專精」很重要，不用多，但一定要精！一旦決定做何事，想要成功，就得要不斷磨練！

聽過了叔叔的不少建言後，我也思考自己未來想要從事的各行各業，並反思如何專精，並爲自己加值，有了目標後我的方向更明確了，才不至於淪落到叔叔所説的：「樣樣通，樣樣鬆。」公司選才的關鍵除了學歷，還有自己的專業能力。

不論做任何事，我相信只要朝一個方向前進，且精益求精，都能成爲各行各業的佼佼者；且更要學習我叔叔那種不論人生如何大起大落都不斷保持「學」的精神。這個中秋夜使我受益良多。（392字）

解釋

1. 原文可說是一篇離題的作文，並無說出「爲自己加值」的重點。
2. 如何改善這缺點呢？拿到作文題目後，請隨意用題目造句，造越多越好，聯想得越快，找的資料越豐富。
3. 舉例如下：
(1) 什麼是爲自己加值？爲自己加值的意義是什麼？
(2) 我心中的加值是什麼？
(3) 爲什麼我要爲自己加值？
(4) 爲自己加值帶給我的感受是什麼？
(5) 爲自己加值要做什麼？
(6) 如何爲自己加值？
(7) 難道每個人都爲自己加值？
(8) 爲自己加值之後？
4. 開始回答剛剛的問題：
(1) 爲自己加值就是在本身天賦外，多吸收學習新的能力。爲自己加值的意義就在提升競爭力。
(2) 我想要加值：溝通能力、語言能力、思考能力。
(3) 提升競爭力、讓自己變得更出色、營造自己的影響力。
(4) 爲自己加值帶給我信心、追求目標的動力。
(5) 不使自己一成不變，鼓勵自己日新又新。
(6) 分述如何加值：多練習說話，觀察對方反應；背單字、理解文法、旅行；對事情發表意見。

(7) 是的，爲自己加值才能在社會立足。且每個人加值的能力都不盡相同。

(8) 爲自己加值後，有了能力了，也要試圖協助他人加值，使國富民強。

5. 你的問題與答案，便是可以寫入文章的材料，也可以把它視作文章的段旨。現在，以此檢驗原文，它有提到幾項呢？

12 展擴思路，再權衡如何使用

可參看CH5〈01 書寫中，無以為繼時，請反向拓思〉。

原文

題目／最美麗的聲音　段落／全

學校／新莊高中　作者／陳彥瑜

世上萬物，耳得之則成聲，聲音無所不在，但美麗的聲音卻因人而異。而我，則是獨鍾於烹飪時所發出的聲音。

我是一個好吃的人，對於各種菜餚背後的做法特有興趣，也享受於烹調過程的聲音。

不同料理，在完成前必然經過不同的手法，無論煎煮炒炸都有著獨特的聲音。其中，我偏愛炸的聲音。當食材下鍋時，熱油便開始屬於它的旋律，雖然乍聽之下，只有滋滋聲作響，但仔細一聽，便能知悉箇中奧妙。食材各個部分所含水分不同，這便造成高低快慢各異的音符——含水多處的油就會有如悶雷般的響聲，而含水少處則像輕柔細雨般，這些聲音，爲這過程，交織出美麗的旋律。

但在最一般的炒，卻是能聽出各位庖丁對於炒菜的熱忱，此起彼落的鏗鏘聲，

（290字）

解釋

1. 此篇未在時間內寫完，僅二百九十字，主因爲「不知何以爲繼」？
2. 作者將烹調過程的聲音，局限於煮菜時的聲音，又將煮菜的聲音，限縮到油炸的聲音，把思路走死了。
3. 下筆前構思，思路應多方廣拓，進行同類事物的擴展聯想。比之取材單薄，書寫無以爲繼後再思考，來得簡單。
4. 下筆時只須「詳寫」主要材料，「略寫」附屬材料，「捨去」多餘的材料，即可。例如先羅列烹調過程較爲特殊的聲音，包含：沖洗聲、切剁聲、烹調聲、擺盤聲等。再去思考如何剪裁這些聲音，將之置入文章。

改寫

世間萬籟，無所不在，耳得之則成聲，心感之而悟義。但聲之美惡，卻因人而異，有人耽聽引擎猛爆的聲浪，有人則偏愛林間蔭下之寂寂。嗜吃如我，除愛鑽研不同料理的做法，亦獨鍾那烹飪炊事時的音色。

每回下廚，先將食材擱放流理臺沖洗。肉骨血穢甚重，以急流強沖，蔬果農藥甚多，以細流緩洗。水龍頭的開闔之間，水花激盪，琤瑽成韻。後提刀置砧，準備斲切食材，菜梗截裂的清脆響聲標示著新鮮現採，急促的叩叩聲後，肉塊便被拆卸成丁。我尤愛以刀腹拍打蒜泥的悶響，有種豪邁率性的況味。

我喜歡慢煎肉片，聽著熱油細碎的滋滋聲在鍋底作響，玫瑰艷紅的肉色逐漸熟白，邊緣處甚至帶些焦香；煮湯時，總要先讓水開始滾沸，咕嚕咕嚕如同擊打小

鼓，接觸高溫的鍋壁時，甚至嘶的一聲，被催化爲水氣，這時，丟入玉米、蘿蔔等材料熬煮後，浮躁的水面又暫趨平靜；熱炒空心菜時，聲響最似慶典，鍋鏟不斷敲擊，鏗鏘似鑼鈸。

至於炸物的聲色，便更加變化多端。熱油時，看似平靜無波，卻隱隱蓄積著能量，待得我將沾滿麵糊的青蔬投入油中，唰——突地嘩然鼓譟，有著遏抑不住的熱情。甜椒水分多，水氣蒸散時會激出許多油泡，如同悶雷在油面引爆。用網勺撈起金黃色澤的炸物，輕甩長柄，讓油拋滴入鍋，彷彿雨落湖心，發出了濃稠的咚咚墜跌聲。

最後將熟成的食物，盛裝入盤，稍作修整，鐵筷與瓷盤短短地碰撞出零碎清亮的敲打樂，爲整個烹調的過程，做了一個有韻的收束。色香味聲，此刻俱足，最美麗的聲音，莫過於此。（595字）

13 沒有凸顯主題

原文

題目／回家　段落／第二、三、四段

學校／新莊高中　作者／吳庭佑

本來和父母達成協議，今天能跟分開已久的朋友一起從早玩到晚，但卻突然變更成下午就得回家，這決定嚴重打亂我的計畫，也同時點燃心中的怒火。這把火燒掉我的理智，使得我口中說出的每個字，都像利劍一樣，毫不留情的刺向他們的心。他們沒說半句話，而當下的我只覺得自己贏了。

心中的怨氣，在我出家門不久就消散了，取而代之是籠罩在內心周圍的罪惡感。即使跟朋友在一起，腦海所想的還是大吵的畫面，自責完全擊垮好不容易建立起的喜悅，我根本無心玩樂，只想回去向他們道歉。

在回家的路上，想了很多道歉的方法，卻又一個個被否決掉。就在內心猶豫掙扎的同時，家門也出現在我眼前。我手握住門把，它冰冷的溫度就像在說明這個家成員的情感一樣。我的手邊顫抖邊轉開，步伐輕輕地踩入，此時此刻緊張的情緒凍住了我，就怕還沒做好心理準備的我，馬上見到父母。果然不出我所料，他們正坐在客廳，家裡是如此安靜，以致我清楚聽見自己的心跳聲。我真誠地向他們道歉，

他們沒多說，只拍拍我的肩膀，拍走在我內心的罪惡，也啓動淚水的開關，開心的和難過的淚水夾雜在一塊往下傾瀉。我知道對他們造成的傷痕不能抹滅，但我會花時間將它補起來，而傷疤就作爲往後對自我的警惕。（494字）

解釋

1. 原文雖有寫到回家一事，但仔細一看，第四段描寫回家之後的篇幅卻占得較多。
2. 整篇文章應以「回家的過程」爲主軸。

改寫

那天，原本預計整日與闊別已久的朋友相約共遊，父母早已欣然同意。卻在臨出門時，改了決定，要我下午便返家。這決定嚴重打亂我的行程，也對朋友滿是愧疚，於是怒火自心中熊熊燃起，燒掉了我的理智，口中駁斥的言語利如刀刃，刺向父親。出門時暴怒的情緒逐漸散去，取而代之的是愧疚與自責，半日的行程我完全無心玩樂，朋友也體貼地勸慰我。

用過午餐，我沿著熟悉的路途，腳步沉重地走著，不斷思索著該如何向雙親道歉。拐了個彎，經過了昔日就讀的幼兒園，父親牽著我小手上學的畫面，躍然眼前，想到要應付我的胡鬧與調皮，父親不知耗了多少心力來拉拔我，養育恩情之深重，今日卻換來我無狀的辱罵。

走過一間間比鄰的商店，家越來越近了。我記得母親常常領著我在附近散步，教我記認回家的方向。她說與父親打拚數年，好不容易才買下這房子，遮雨擋風，在這城市裡擁有一個安心憩息的空間。慨嘆之後，轉頭對我笑說：「住在這裡很幸福吧！」我使勁地猛點頭。原來，父母用青春交換了一個讓我無憂成長的家，然後再教我安全地抵達家門。若沒有這樣的呵護，此刻我會在世界的哪個角落流浪無依呢？

就在內心百感交集的時候，我已返抵家門。我手掌輕顫地轉開門把，步伐緩緩踩入，羞見父母的我，極力想隱匿行蹤。但坐在客廳的他們，馬上察覺了我的存在。家裡是如此安靜，以致我清楚聽見自己的心跳聲。反覆思量後，我眞誠地向他們道歉。他們沒多說，只拍拍我的肩膀說：「回家就好。」

猶記剛上小學時，母親反覆叮嚀，不管被欺負或是做了壞事，一定要回家跟她說。那時，她也是這樣拍拍我的頭：「不管發生什麼事，回家了就好。」我忽然瞭解，回家的路至今無改，父母對我的疼愛也絲毫未變。（670字）

14 取材的寬窄，符合題目要求最安全(一)

題目

侯孝賢導演曾說：「生命中有許多吉光片羽，無從名之，難以歸類，也不能構成什麼重要意義，但它們就是在心中縈繞不去……這些東西我稱它們是：最好的時光。最好，不是因為最好所以我們眷念不已，而是倒過來，是因為永遠失落了，我們只能用懷念召喚它們，所以才成為最好……」請從你的生命中，尋找一段值得眷念、影響你至深的時光，以「最好的時光」為題，寫一篇完整的文章，文長不限。（102年北模）

原文(一)

題目／最好的時光　段落／全　學校／新莊高中　作者／林思彤

翻起相冊，那些笑靨正如冬日中的燭火，在我失意時給予我幾分溫暖。凝視其中一張早已泛黃的照片，我憶起了那段美好的時光。

自幼，無任何手足的我，儘管能得到家庭中的加倍關照，然而，我卻因此而缺乏了獨立的能力。國中時期，正屬於多數人學習成長的階段，我竟無法融入新環境，因此，在未能自學校取得歸屬感的窘境下，反而對「家」多了一分眷戀之情。

日日愁眉不展的我，總能在家中獲得母親的慰藉，即使我不成熟地哭訴著當時所遭遇的挫折和逆境，家人們仍耐心地給予我鼓勵，並不斷支持著我。家庭帶給我的扶持，彷彿是荒漠中的綠洲，在此處，我找尋到了生機，原本黯淡無光的歲月也因此亮麗許多。

家，確實影響我至深。在那段時光裡，我不斷地成長，因爲我瞭解到，家人的陪伴只是短暫的，我必須自這種依賴感中脫離，並獨立自主，不僅僅是爲了自己，也爲了給予在成長路途中不停援助我的父母回饋，使他們不需再爲了我的困境而憂愁。這樣的想法讓我從過去不成熟的行爲，逐漸茁壯成今日能自立自強的高中生。

回首過去，過去幾年的歲月在我生命中絕對是一段最美好的時光，我體悟了家人對我的關愛，感受到逆境中的扶持是多麼可貴，更重要的是，我學習到了人生中最重要的課題，至今，仍深深地影響著我。

闔上手中殘留著餘溫的冊子，我將它擺回書架，仔細回味其中的美好，在我心中，那是永遠無法消逝的美好時光。（556字）

原文(二)

題目／最好的時光　段落／全　學校／新莊高中　作者／楊心妤

每當我對於身處的環境感到疲乏煩躁時，我都會不自覺地掉進時光的漩渦中，遨遊在腦海中任何一處的美好。如果問我最常或最喜愛的神遊之處，我必回答：

「所有在舞臺上的四分鐘。」

何以爲之？因爲在舞臺上你便是萬眾矚目的焦點，能夠盡情地揮灑投入的汗水，綻放滿足的微笑，舞動自信的肢體，最後更能沉浸在滿座的如雷掌聲中，舞臺是何等的美好！然而「臺上十分鐘，臺下十年功」，沒有嚴峻的磨練，怎能造就鑽石的光彩奪目？但長達一年的訓練，並沒有澆熄我對舞蹈情有獨鍾的熱愛，即使朝六晚九、受盡責罵鞭笞，只要和夥伴們一起咬牙，便能攜手走過共享榮耀。長期的含辛茹苦成就了數分鐘的璀璨耀眼。

然而人生的單向列車向前駛不復返，多麼渴望回頭，卻也只能遙望留在前一驛站的諸多回憶。逝者如斯夫，不舍晝夜，每分每秒都會有新的人生體悟，但轉瞬間便成爲過去，我不能再回到與同伴共舞的那段時光，更不可能再接受一次悅耳的掌聲，甚至再過不久，此時的當下，將成爲我老年含飴弄孫的過往故事。或許會感嘆，或許會害怕，對於光陰潛移之速，對於人生稍縱即逝的短暫，但美好的時光並非僅供懷念，我認爲回憶的甜美，是不斷地推動著我前進，可以從中記取教訓，或是現今壓力的逃離之往。

當我從腦海中被拍打回現實的岸上，回憶落在身上的晶亮水珠，閃爍著提醒我過往的美好，任何時候我仍能細細品味著過往回憶，讓它們成爲自己的能量，勇敢朝未來出發。（575字）

解釋

1. 這兩篇原文都寫得不錯，但其中取材的界定，有點游走在規定之外。當我們閱讀題目：「請從你的生命中，尋找一段值得眷念、影響你至深的時光」，大概可以瞭解，一段的定義，應該是有數天、數週或是數月之長。

2. 但原文㈠寫的是「在家的時光」，擷取的時間過長。作者在文章中並未提及自己正當離鄉背井，也就是說，自出生到現在，作者都處於在家的時光，亦不符合題目所言：「是因爲永遠失落了，我們只能用懷念召喚它們，所以才成爲最好。」何不寫成「國小的時光」，或是稍微編造，自己就讀外地高中，獨住宿舍，想起「以前在家的日子」，方才成理。

3. 原文㈡寫的是「臺上四分鐘的表演時光」，擷取的時間過短。怎不以「這個月來準備排演的時光」爲主，更有張力？

4. 或許閱卷前的會議討論，會將「一段時光」的定義放寬放大，但仍建議不要弄險，依據題目，在引導文字的範圍內寫作最佳。

改寫

曾經人類擁有過最好的時光，但歷經眾神浩劫之後所謂的黃金時代再不復見。十八世紀是歐洲人心中最好的時光，科技進步，民主商業繁盛，甚至使歐洲人美稱十八世紀爲「進步的時代」，也被戰爭毀棄。如今想來，這些所謂的美好時光竟都是回不去的遺憾所組構！我的美好時光，始於余生，終於「他」亡。

有些回憶已記不大清了，畢竟歷時悠久，腦海的印象也隨著時光流逝而斑駁泛

黃。但有些回憶卻是怎麼也忘不掉的，只要稍一回想，彷彿手裡抓握的沙土、迎面的暖風便能重現於今，而這些無論清晰或模糊的回憶都有一個人的存在——我的外公。

外公是個畫師，技巧精湛的他總是以此道賺取所需。兒時在外公家，最常看到的莫過於外公握筆細描的樣子。他姿態端正，神情認眞。彼時稚幼的我，最愛做的便是拿起紙筆繪畫外公專注的樣子，時空如此寧靜祥和，我們祖孫便是如此度過無數個下午的。即便他繪畢，放下筆時發現我在畫他，他也只是慈祥和藹地微笑，繼續做我的模特兒。

終於兩人都畫好了，我們便會去附近花園與河邊散步，外公會細細地教我這些花草魚蟲如何寫畫，有時摘了幾朵較不易見的野花，就地祖孫就興奮地拿著樹枝在沙土上畫了起來，然後待暖煦的風把沙土上的畫吹糊時祖孫倆再愣愣地大笑。愜意而舒心，任何事都是心之所向，沒有一點脅迫壓力。身處於都市中，浸溺於社會化下，桎梏於瑣雜事物，我每每思想起那段最美好的時光總是遺憾。我清楚地知道再回不去了，外公已去世多年，畫室中的畫筆也蒙塵已久，這段記憶，就只能是回憶了，我再沒有重現的可能。

走進畫室，筆筒內是兩隻大小不一卻緊緊依靠的畫筆，和室地板上是我頑皮留下的墨漬，還有潔白一如往昔的畫板……也許正因遺憾，才使我擁有這段美好的記憶，並知道——遺憾造就美好的記憶，美好的記憶卻使我們更專注於美好我們的生活。外公和我一起拿著畫筆，在我心靈的畫布上，繪出一道不朽的虹彩……（王棋）（758字）

15 取材的寬窄，符合題目要求最安全㈡

題目

余秋雨〈沙原隱泉〉：「要騰騰騰地快步登山，那就不要到這兒來。有的是棧道，有的是石階，千萬人走過了的，還會有千萬人走。只是，那兒不給你留下腳印，屬於你自己的腳印。來了，那就認了吧，為沙漠行走者的公規，為這些美麗的腳印。」從體驗風景中往往能找到自己的人生哲理，獨一無二的省思在這清澄感動中沉澱，試著以風景的雄偉聖潔與曲折蜿蜒去思考人生路程，以他例或己例說明你的理解與體悟。請以「人間風景」，寫一篇完整的文章，記敘、抒情、議論皆可，文長不限。

原文

題目／人間風景　段落／全　學校／新莊高中　作者／許昀芯

要說山觀海景的宏麗，這些出於造物者之手的天然景物，於我來說，至美的還是那溫馨的小人物奮鬥史，以及助人善樂的助者、受助者寫心笑顏漸展的片刻，而我也常拿著相機捕捉這令人醉心的時刻。

現今，有許多強盛大國逐漸邁入高齡化階段，而臺灣當然也不例外，隨著日益增多的老者，我們該如何面對？捷運車廂內的博愛座、便於老者及身障人士的無障

礙坡道……這些都是體貼不便於行的人以及也許也是未來的我們。曾經，我在捷運站上目睹一件可憎之事：一位青年，差不多二十來歲，強占著博愛座，低著頭，目不轉睛地盯著他的手機，而一位拄著拐杖的老者顛簸上車。在我的認知中，這位霸著博愛座的人應讓位，但他卻選擇視而不見，繼續低著頭，「謙卑」地頂禮膜拜他的手機；反倒是在旁的婦人見此狀趕緊起身讓位，還用手攙扶老者搖晃的身軀。當然，如此善美之景以被我記錄下來。

翻看著一張張笑顏，人間至美之景不就是此嗎？沒有壯闊宏麗的煙雲繚繞，沒有鳥鳴山更幽的閒情逸致，唯有助人的純潔心性，不求回報，不沽名釣譽，源自於人之本性，見弱勢者助之，不慍不火，悉心照料，想得之於受助者的，不過一張帶著感謝的容顏，縱使垂下的珠黃皮膚已不見昔日青春，搖墜的齒無法完全清楚表達感謝之意，但內心湧生的暖意，是兩方不用於口訴說，彼此心意明瞭，正是此幅風景圖中看不出的內蘊。

我從一幅幅自己攫來的風景圖中體認，人是需要互助的。我們不同於獸禽，擁有健壯的肌肉，鋒芒利爪，堅實的鳥喙，可孤支一人，頂立山峰。並且最可貴的是，人有惻隱之心，懂得學習，秉著本性助人，靠著學習達理，這不正是人與獸的區別嗎？（651字）

解釋

1. 原文文筆雖優，但取材人世間的生活一景，稍有疑慮，似乎未細看引文，只就題目的四個字便做發揮。

2. 引文中有幾點提示，皆指向「此風景爲自然風景」：

(1) 余秋雨〈沙原隱泉〉所寫的沙漠爲自然風景。

(2)「以風景的雄偉聖潔與曲折蜿蜒去思考人生路程」。雄偉、蜿蜒曲折的形容詞，亦多針對自然風景而言。

3. 或許在閱卷前的討論會，評審會放寬取材的限制，但仍建議不要弄險，平穩地取得分數爲佳。

4. 若想與眾不同，應是由「挑選的風景能獨特」、「引發的體悟夠深入」兩個地方著手，而非棄自然景象不寫。

改寫

踏足過無數的風景勝地，每每思及那座高聳壯偉的山，心中總是不免回想初見的感動，也許正如杜牧所寫〈離思之四〉：「曾經滄海難爲水，除卻巫山不是雲。」一般，有些認定的人事物，哪怕往後見識更多奇景，心中仍只會有那一山壯闊，一心寧靜。

暑假旅遊於日本北海道，甫下飛機便覺察與臺灣不同的別樣風情，儘管寒風吹拂使我顫抖，但我仍十分興奮地前往目的地——黑部立山。由於幾個人選擇自由行，在安排上也顯得寬鬆，我也因此能與黑部立山相處得久些。在行進的車上，遠遠地便看到了「他」，沉穩寧靜地立足於天地之間，點點白雪爲厚實尖聳的黑色山體裝飾，使黑白相映成趣，有種樸實的華麗，心中更迫不及待地想盡快地到達了。

待到抵達目的地，心中更是震撼感動，一個完美的鐘形曲線，「他」就這麼雄

偉而穩健地佇立於我身前。如墨般漆黑的山體，在白雪的巧妙妝點下竟能如此毫不突兀地鑲嵌於這塊土地！低調但實際偉峻，沉穩的「他」彷彿引領我尋到些許領悟，也許沉默穩健而低調地立足世間，才是最能使自身平安穩妥的處事態度；然而藏拙也並非眞正的拙劣，在合宜的場合下也能展現出自己的才能，正如那靠近才能察覺的「他」的高聳偉大。

心靈因爲黑部立山而震盪共鳴，有一瞬，我甚至以爲山是我，而我是山——彷彿只要我張開雙臂便能擁抱輕柔的白雲與自由的飛鳥。物我合一而與萬化冥合的感覺是無法言喻的舒暢！柳宗元有他的西山，而今我也有我的黑部立山了！懷著對人生新的感悟與交到知己好友的喜悅，我心滿意足地上車，看著「他」因行駛而漸漸遙遠，心中默默地與他道別。我想，「他」會是我人生中最深刻的風景與知交！

（王棋）（655字）

16 取材單一，未能完整釋題(一)

可參看CH5〈04意涵延伸要多元〉。

原文

題目／我理想中的教育環境　段落／第二、三、四段

學校／新莊高中　作者／郭永昱

自幼在農村生長，接觸外語環境的機會微乎其微，及其邁入高中階段才發覺自己的短處，同儕非留過英即赴過美，使我深感小時的教育環境不容小覷。

因此我心中對於教育的願景便是讓每位小孩從小就可接觸外語環境，尤其是偏遠地區的小學因資源缺乏而一直無法獲得完善的環境及設備。爲了以上這些目標我們可以汰換老舊的教學設備、強化英語授課導師師資，提倡使用英文爲主、國語爲輔的上課模式，也可於每日早晨播放英語新聞廣播，如此一來不僅能夠改善學生的英聽能力也能廣泛吸取各國事件以培養國際觀；另外，英語授課更能表達字詞本身的意義，可避免誤用的情形。若以上述辦法實施，相信更能縮小城鄉差距，即使沒有出國也能具備流利的英文能力。

據多益的統計，臺灣的學生平均爲四百多分，而南韓足足高過我國一百多分。同樣身爲亞洲國家，我們肯定不是沒有天分而是需要更多使用英文的機會。我期待透過這些耳濡目染的方式來讓學生自然說出一口好英文，而多益分數的大幅成長必

定指日可待。……（404字）

解釋

1. 這個毛病雖不大，卻是會影響文章得高分的關鍵。審視題目後，要能準確判讀材料的深淺多寡。
2. 原文只專述學習外文，若題目改爲〈如何讓臺灣教育在國際突圍〉，或許會較爲適合。
3. 但題目實爲〈我理想中的教育環境〉。「環境」一詞，涵蓋甚廣，且造塑環境的要件甚多，是故文章便要能面面俱到、從各方面提出見解，以構築出一個理想的教育環境。如：外語能力、禮儀教育、性向探索、職業教育等。

改寫

我理想的教育環境，是一處能自由發展的園地，學科只教授淺顯實用的知識，讓頭腦騰出空間去盛裝新的觸發。倘若孩子不曾碰撫琴弦，怎會明白自己的雙耳渴求音符的洗滌？倘若孩子不曾揮灑色料，怎會知曉雙眼能細辨光影彩圖的濃淡明暗？倘若孩子不曾綴連文句，又怎會瞭解自己能破解字詞的豐贍華美？解開了成績的禁錮，他們的生命由黯淡轉爲晶亮，像是隕石焠化成鑽，生命的目標於焉確立。英文成績的墊底，無礙於他們成爲一個身手矯捷的運動選手；低劣的演算能力，不會局限藝術的縱橫才氣。

我理想的教育環境，還要列入服務奉獻的課程，不是那種爲了升學所做的義工

表象，而是獻出年輕孩子旺盛的熱心暖愛，以及分享他們過度擁有的幸福。他們可以挪出在課室裡打盹發呆的時間，去教授貧困孩童簡單的加減乘除；或是停止演練同樣題型的算題，拾起掃把做社區清潔，探尋周遭更深邃豐贍的環境。我們給予孩子的關懷太多，溺漲到他們不覺幸運，更不懂惜福，甚至不知自己的生存意義，虛化了自己的價值。從服務學習，從關懷學習，讓孩子知道自己的臂彎能撐起多少不幸的人，他才願意更努力學習，祈願自己更具力量。

對於生涯規劃，現在的教育只安排在輔導活動中，用著紙筆空談自己成長的道途。我希望有一段實務課程，讓孩子可以到建築事務所，跟隨專家前往工地勘履，或是到博物館去，瞭解文物的修復與經營，帶給他們更有力度的撞擊和體會，藉此修正或確立未來的目標。（575字）

17 取材單一，未能完整釋題(二)

原文

題目／形象　段落／第二、三段

學校／新莊高中　作者／張瑜倩

歷史上擁有公正無私的好形象非包公莫屬，包青天敢於懲治權貴們的不法行爲，並能明察秋毫懲辦刁民，曾與他同朝爲官的歐陽脩、司馬光都對他有極高的評價，直到後世都爲人尊敬。被稱爲臺灣德蕾莎的證嚴法師創立醫院、學校，推展許多慈善活動。「一灘血事件」證嚴法師也選擇寬恕，包容使事情告一段落，雖然這次事件法院有判賠罰鍰，可是卻沒有使她的形象變糟，反而得到更多的掌聲，贏得了尊崇。

臺灣演藝圈前幾年因大麻案重創演藝形象的明星們都是在螢光幕前保有良好形象，可是私生活卻是非常糜爛。身爲公眾人物，他們更需要注意人前人後的行爲表現，隨時都會被拿放大鏡檢視。去年某些藝人因毆打計程車司機被大眾抨擊，使他們中止演藝生活，也因形象受損，大好前途就此葬送。（312字）

解釋

1. 中間主文，堆砌了許多例子，卻沒有說明自己舉出該例的用意何在？比如說「形象是無形的資產」，比如說「形象可以贏得別人對你的信賴」。
2. 要深入詮釋一個主題，應該要從多方切入闡析。比如說題目為〈美〉，可以第二段羅列人事物美的例子，第三段羅列不美的例子，而忽略書寫段落意旨嗎？當然不行，你應該要略擇幾個主題深入探討：「美的定義」、「美的展現」、「醜的定義」、「如何由醜入美」、「外表與內在的美」……不一而足。
3. 另外，從多角度來詮釋題目，也可避免雞蛋放在同一個籃子，一偏題便全盤皆輸。如題目〈平淡〉，引導文字是要同學寫「你對平淡的感受」。有同學整篇文章只寫「坐公車看窗外朦朧模糊的雨景」，至少便犯了兩個錯誤：第一，朦朧模糊不等於平淡；第二，沒寫出對平淡有何感受與詮釋。
4. 若另名同學在寫作〈平淡〉時，僅以「坐公車看窗外朦朧模糊的雨景」當作首段情境開頭，另將主文重點分列三段：
   (1) 如平淡代表不甜膩，君子之交淡如水，方可長久；
   (2) 平淡對於飲食之義，代表一種真味；
   (3) 平淡是最難企及的境界，如真純多情的朱自清〈背影〉相較玩弄文字的劣文，更易寫難工。

   即使其中一段偏離題，其他段落仍能救回分數。
5. 另外，敘事冗雜，用詞口語，連接詞與標點都有遺漏。

改寫

形象必須仰賴長時間的累積，才能被強化，被群眾所信賴。如同宋代包拯，絕

非初斷冤案便得無私美名，他必須恪守清規，屢次不爲強權所脅，才稱得起「明鏡高懸」，萬世以爲典範。但形象的崩毀，卻又僅在轉瞬之間。如王莽謙恭下士、清廉勤樸，贏得多少讚譽，卻因私慾篡漢，淪爲賊子逆臣。

形象之優劣，於人亦有天壤之別。若凡事直道而行，秉守初衷，如同已故的林杰樑醫師，生前言重泰山，令人信服，死後備極哀榮，被譽爲俠醫仁心。若屢錯屢犯，自甘淪落，如同反覆吸毒的藝人明星，活著羞受冷眼，亡去後僅留惋惜鄙夷的批評。

有些人則爲了形象，將最眞實的本我淹埋。原本冷漠的，突然堆起笑臉；原本吝嗇的，卻裝得慷慨。企圖妄用形象來牟取利益，賺得美名。可惜時間總能公正地試驗出其中的眞假，讓浮華形象下的醜陋眞相，無所遁逃。

我也曾爲了討好朋友，刻意壓抑自己的熱情活潑，變得恬靜儒雅，只爲了有著與她相近的氣質。時間一久，我變得寡歡，她也察覺了我的苦悶。「展現最質純的自己，才能尋得最投契的朋友。」她提醒我：「我還是想念那個誇張搞笑的妳。」我於是明白，只要不詐僞，不傷人，每個形象都有獨一無二的美好（436字）

18 材料沒有充分發揮

原文

題目／舞臺　段落／第一、二、三段　學校／新莊高中　作者／蔡文博

緩緩地走，慢慢地移動，從眾人之中，走向所有人的焦點，從黑暗嘈雜中，走向光明裡，這是個大會廳，所有人都可以是表演者，只看我們如何創造自己的舞臺。

每個人都有自己的期望與夢想，有些可能充滿野心、抱負，有些卻富有悠閒、感性，雖然自己的理想並非都能廣獲回響，但從我們開始生活在這世界時，我們就已經在表演了。

路旁的街頭藝人、演唱會中的歌唱明星，觀賞的人雖然相距甚多，但只要是自己所嚮往的，那又何嘗不可能？現在的我正走在這個大會廳內觀察表演的人的專長、能力，他們是如何聚集群眾，如何獲得掌聲，他們在表演後又是如何增進自己。我發現當紅明星，小時候不見得也受人歡迎，而當他成名時，名氣也不一定能始終維持。因爲每個人都會自己學習與人競爭，學習是吸取資源，納爲己用，而競爭更可以從中瞭解，擷取優點。（338字）

解釋

1. 依原文第一段末「只看我們如何創造自己的舞臺」所述，依常理推論，第二段會是敘寫「我們用哪些方法為自己創造舞臺」。
2. 依原文第二段末「但從我們開始生活在這世界時，我們就已經在表演了」所述，依常理推論，第三段會是敘寫「我們在舞臺上表演了些什麼」。
3. 但作者並非如此陳述，所發想出來的論點與材料，僅一句話就戛然而止，導致材料無法充分擴張發揮。

改寫

當我們緩步向前，從群眾間走向聳峙的舞臺，從黑暗喧囂裡，踏入灼燦的燈光裡。無須欣羨別人，每個人都可以是表演者，只看我們如何創造自己的舞臺。

我也曾茫然失措，不知如何覓著夢想的臺階？我善於撥弄吉他，但缺少知音；我能勾動聽眾的心緒，但無處施展魔力。定心一想，才發現自己的怯懦與內向，遮斷了我在舞臺上散發光熱的可能。我嘗試突破，向學校或社團自薦，在大小場合安排演出，即使充任角落裡的伴奏，我也不放棄任何微渺的機會。慢慢地，我終於有了容身的舞臺，證明自己的存在。

其實，自呱呱墜地，我們便已踏上舞臺，搬演風格各異的演出。有人能言善道，針砭時事令人拍案叫絕；有人文采豐沛，妙筆生花引人傳誦不絕；有人以音聲魅惑眾生；有人以肢體傾國傾城。舞臺上，自有屬於你的一塊領地，待你墾拓豐收。（331字）

19 取材毫無深度

原文

題目／忍耐與等待　段落／全

學校／新莊高中　作者／諶啟天

人云：「忍字心上一把刀。」有時，傷人的話語和輕視的眼神就如那利刃般襲上心頭，砍得你遍體麟傷，鮮血直淌。而你卻只能「打碎了牙往肚裡吞」，苦忍等待，等待他人的援手，等待滿腹的冤屈被平反……

而我的等待，雖不至於「縱有千種苦悶，更與何人說」那樣痛苦難耐，卻是另一種煎熬。

我想，排隊等候眞的是一門學問。不論颳風下雨或是寒暑相逼，人們總是無阻似地願意花上大把時間甚至漏夜排隊，爲的也許是那最新的3C產品，也有可能是周年慶的折價品，甚至連甜甜圈都有人甘心爲它付出寶貴的光陰，我自身便是個例子。

身爲一個美食愛好者，每次在路上看到別人爲了某某歌手的新專輯而大排長龍時，我的內心總是不以爲意，但如果排隊搶購的是食物的話那就不一樣啦！畢竟「民以食爲天」嘛！當店內散發出誘人的米香，此時我便有如磁鐵般自動吸附上

去，而撇下隨行的家人。常常父母走了一段路才發現我已不見蹤影，找了一會兒就看到我如惡鬼般地藏身在人龍之中，而家人也明白了我的渴望，無奈地在一旁等我排隊。

每逢用餐之際，人群排隊的盛況絕不亞於尖峰時段等著上下公車的乘客，眞的彷彿沙丁魚般擁擠。唯一不同的是我必須與熾熱的炎日搏鬥，冒著中暑的風險只爲等待那一頓安飽。（495字）

解釋

1. 題目〈忍耐與等待〉，應是要作者說明「自己承受等待的磨練，意志變得堅強的經驗」，但作者卻只以「排隊美食」當成主要素材，且文末未有深度的意涵闡釋。
2. 改寫的「泡茶」事例，極好。但文章稍短，若能再多舉一例更好。

改寫

俗話說：「小不忍，則亂大謀。」忍耐即爲等待成功的到來。忍得了，則可享受將來成功的甜美果實；忍不了，則一切歸零，從頭再來。若是連成功前的小忍都無法承受，該如何成就心目中的宏圖壯志呢？

「忍」字頭上一把刀，對每個人而言，忍耐及等待皆是門大學問。忍耐的過程如同一把刀在割自己的心般難耐，但同時也給了自己學習沉著、冷靜處理事情的機

會，賦予自己成熟的時間，充實能力，彌補己身不足。

從小，父母便教我如何泡茶，教我如何靜候茶葉由蜷縮到舒展的過程，讓芬芳的茶精完全釋放於熱湯中，而不至於倉促入口，使茶水淡而無味。他們說，仔細觀察茶湯色澤，便可知其端倪，由淺入深，便表示茶味飽滿，足以細細品嘗其中的苦澀香醇，享受回甘的滋味。

泡茶猶如人生，不忍則生命膚淺乏味，無法成就理想；不等則無法享受成功後的喜悅。在艱困的境地忍耐著，等待展翅的時機，即可擁抱成功的未來。（陳湁卉）（367字）

20 深化題目內涵

可參看 CH4〈06 段旨不膚淺，要深入〉。

原文

題目／猜　段落／第二段　學校／新莊高中　作者／蔡依玲

已經忘了是什麼時候開始的了，當每節下課都成了我角逐勝利的戰場，陪妳去上廁所的時間花費突然變得多麼的奢侈；每堂上課都成了妳我引燃爭端的起點，聽妳上課時的談話聲竟然變得多麼的煩躁；而妳每次生日都成了我最痛苦的節目，上街去替一個我最要好的朋友挑一個禮物，居然變得多麼的麻煩。但是，我真的從來沒有猜過，有一天我們共撐的雨傘下庇護的不再是彼此；又有一天我們的天空不一樣了，飄不同時間的雨，蕩不同色彩的雲；更有一天連地平線上都望不到妳了，不知道那兒的氣候如何，也不知道那兒的路多顛多陡。科技再發達，也有通不了生疏的高牆的時候。（256字）

解釋

1. 原文後半雖都是在「猜」，但只圍繞在「沒猜過會與妳分離」。猜是本文重心，怎能如此單調淺薄呢？應該再延伸能令人思索的感想。

2. 改寫部分，不但內心的猜測較有變化。最後藉由猜測引發出的領悟，更有力道。

改寫

那日，你憤怒地棄我而去，再也不願和我有所聯繫，我完全不知事出何因，只能憑空臆測著。是我與別人太過親密了嗎？還是無意中說出了什麼話傷到了你？又或是在哪一回你需要我的協助時，我忽略了你釋出的訊息？對於友誼的崩毀，我是如此無能爲力，因爲我完全不知那裂縫是自何而起？更不知如何補縫它了？

返家路上，我一個人孤伶伶地走著，原本耳邊應該縈繞著你的歡聲笑語的，此刻只剩車行如流的喧嘩。你今天是怎樣回家的？臉上是掛著笑意還是愁悶？對我有沒有一點想念呢？不知不覺，我又開始揣測你的舉動。原來，面對茫然與無知，渺小的我們只能夠用猜測來緩解內心的不安，但它是那麼的空泛無力，對於現實並無絲毫幫助。（286字）

21 不要抄寫題目說明

題目

經書中明載了立德、立功、立言的三種永恆，那是古代士子終其一生的追求；曹丕在〈典論論文〉中，直指作家能寄身翰墨，見意詩篇，將生命廣拓至一種永恆；張曉風在〈不朽的失眠〉中寫著詩人張繼的故事：「**有人會記得那一屆狀元披紅遊街的盛景嗎？不！我們只記得秋夜的客船上那個失意的人，以及他那場不朽的失眠。**」將得意與失意、永恆與瞬逝，參差對照，企圖打破世俗間榮名以為寶的概念；而琦君在看盡了母親與姨娘的恩怨，在〈髻〉的末尾這樣寫下：「**母親去我日遠，姨娘的骨灰也已寄存在寂寞的寺院中。這個世界，究竟有什麼是永久的，又有什麼是值得認真的呢？**」

人們在不同時機與場合，都會反覆思索著永恆的意義，渴望蒙受它的眷顧。無所謂減損，無所謂失去，期待生命只有不斷的累積與擁有。

請問，你認為何謂「永恆」？永恆的價值與意義何在？在你心中，什麼事物有著永恆的形象，帶來溫度與安慰，成就一種依靠和仰望？它真的是顛撲不破的嗎，還是也有毀壞的一夕？你又如何護持這項事物的亙久存在？

請以〈永恆〉為題，發抒你的體驗、感想、見解，敘寫出關於你心中的永恆與不朽。

原文

題目／永恆　段落／第一段、第二段節錄　學校／新莊高中　作者／陳湝卉

在浩瀚無垠的宇宙中，世上萬物皆是瞬間即逝的渺小個體，沒有什麼能永恆存在，但人們卻試圖爲自己在世上留下永恆的印記。反覆思索著永恆的意義，渴望蒙受它的眷顧。無所謂減損，無所謂失去，期待生命只有不斷的累積與擁有。

作家們寄身翰墨，見意詩篇，企圖將生命廣拓至永恆……（128字）

解釋

1. 切莫抄寫文字說明，會讓人有黔驢技窮之感。
2. 若無法自鑄新詞，必須節摘題目文句，也應師意不師詞。
3. 試比較題目、原文、改寫三處，紅色文句的異同。

改寫

在浩瀚無垠的宇宙中，世上萬物皆是轉瞬即逝的渺小個體，沒有什麼能永恆存在，但人們卻試圖爲自己在世上留下永恆的印記，期盼財富長積，聲名永在，歲月無傷於肉體，時局無改其權勢。

這樣俗庸的永恆，我並不渴盼。相反地，當我看見歷代作家筆錄春秋，寄情託志於文字，爲了將自己短如蜉蝣的年命，轉化爲千載的英華，我內心不免爲之心折……（156字）

22 最，便是唯一

原文

題目／最好的時光　段落／第一段　學校／新莊高中　作者／錢耀崴

時光匆匆而過，但最美好的時光總是留存在我們內心的深處，歷久不衰，每每回憶起來總會有酸甜、幸福的滋味，國小一、二年級時的日子可以說是我一生中到現在最美好的時光之一，而國三準備基測的日子，則是我第二段最美好的時光。（105字）

解釋

1. 「最，便是唯一」的概念，應是每一位老師在引導審題時，都會反覆強調的概念。到高三仍出錯，實在不該。
2. 「最美好的時光」一詞不斷重複，顯得冗贅。

改寫

縱然時光如流水，難以溯返，但我們總能揀拾起其中的美好片段，收藏於心，歷久而不滅。對我而言，初入小學時的新鮮歡愉，一直是我眷戀難捨的回憶。

（68字）

23 要學會訂定題目

題目

◎蘇轍〈黃州快哉亭記〉：「士生於世，使其中不自得，將何往而非病？使其中坦然不以物傷性，將何適而非快？」

◎曾國藩曰：「胸懷廣大，須從平淡二字用功。凡人我之際，須看得平，功名之際，須看得淡，庶幾胸懷日闊。」

◎《菜根譚》曰：「士君子持身不可輕，輕則物能撓我，而無悠閒鎮定之趣；用意不可重，重則我為物泥，而無瀟灑活潑之機。」

◎《傳家寶》曰：「人生在世，度量放寬些，一切好歹，都要容得；眼界放大些，一切高下，都要包得。」

請仔細閱讀上述文字，歸納他們的共同意旨，以白話文書寫一篇四百字以上的論說文，題目自訂。

※整篇文章必須自成完整結構

※須有事理，有例證

原文

1. 不爲物所左右
2. 淡泊名利
3. 一切從簡才能得到快樂
4. 心

解釋

1. 自訂題目，大考雖少出現此類考題，但卻是能看出學生學養的好方法。
2. 自訂題目通常有兩大缺失：一、偏題；二、文字淺淡鬆散。
3. 原文的1－2，即爲偏題。
(1) 蘇軾所言，應指：「情由心生，境隨心轉，我們要保持心裡的曠達。」
(2) 曾國藩所言，應指：「胸襟要開闊，人與人之間不須記仇，對於功名，得失心亦不要太重。」很多人從這句延伸出生活要平淡，不應追求富貴，這是錯誤的線索。
(3) 《菜根譚》所言，應指：「視情況轉換心境，有時莊重自持，有時瀟灑以對，不被外物拘泥。」
(4) 《傳家寶》所言，應指：「心有包容，眼光要看遠。」
(5) 綜上所述，顯而易見地，最重要的論述應放在「內心曠達」。「心不被物役」、「包容」、「眼界開闊」都是間接材料而已，千萬不可喧賓奪主。
4. 原文的3－4，則屬文字淺淡鬆散。
(1) 一切從簡才能得到快樂→我的極簡生活。
(2) 心→心寬天地大。

Chapter 2

關於首段，要注意的是

01 太晚入題(一)

原文

題目／我的書房，我的南山　段落／第一、二段　學校／新莊高中　作者／李璇

晉代陶淵明躬耕南陽，自喻如羈鳥歸林、池魚返淵，不慕名利，唯圖心靜；唐代劉禹錫遭貶居陋，仍以文會友、以德馨香四方，孔子曰：「何陋之有？」明代歸有光隱晦書齋，時而俯仰長嘯、時而冥然兀坐，韜光養晦，悟曉人情。

結廬在人境，豈無車馬喧？身處於紛亂雜陳的城市裡，環顧四周，熱鬧的街道令人傾心，炫麗的招牌讓人著迷，繁華的景象使人陶醉，然而身爲一位高中生，如何杜絕諸如此類的誘惑？何處最爲閒靜、最適合讀書呢？就我而言，那便是我悟靜的書房。（211字）

解釋

1. 全文將近600字，開頭便占二百一十一字，極度失衡。
2. 失衡的結果，造成以下影響：
(1) 排擠到描寫書房的篇幅。造成內容不深，材料不足。

(2) 文章起始過多例子的堆砌，有累贅之感。可挪幾例，點綴在文章中後段。

改寫

陶潛歸返南山，覓尋寧靜；劉禹錫喜居陋室，調琴閱經；歸有光固守書齋，盼求聞世。我也有這麼一塊領地，讓我得以自城市的喧囂繁華遠遁，坐在種養一盆綠栽的桌前，心凝神定地閱讀與休憩。那裡，便是我的書房，我靈魂的棲息地。（119字）

02 太晚入題(二)

原文

題目／我心中有首歌　段落／第一、二段

學校／新莊高中　作者／蔡欣庭

在急促的都市中，為了不被時間遺棄，每個人都必須有效率地做好分內的任務，跟緊時間的腳步。在競爭極大的社會中，為了不被淘汰，每個人都勾心鬥角，希望能在社會上生存。在朝令夕改的升學制度下，為了能順利升學，學生們不斷地充實自己，以備不時之需。這種生活方式，造成巨大的壓力，人們不斷地尋找著屬於自己的紓壓方式。

紓壓方式，皆因人而異。有的人喜歡遊山玩水；有的人喜歡連夜高歌；有的人喜歡聆聽歌曲。身為學生的我喜歡聽歌，有些歌曲是只有自己知道它的意義在哪。在一次的無意中聽到一位男生唱歌，因為他唱到幾句歌詞，對我而言是多麼溫暖，多麼寫實，所以心裡特別有感觸。歌詞是這樣的：「努力地往前飛，再累也無所謂。黑夜過後的光芒有多美，分享你我的力量，就能把對方的路照亮……。」

（324字）

解釋

1. 考試作文，大約在一百字左右，就要入題。
2. 本文的重點，應是放在「歌帶給我的悸動」，與社會多緊張、紓壓有哪些方法完全無關。是故，原文第一段多贅語。

改寫

生活緊張，前途未明，我曾經活得辛苦且頹喪，甚至不清楚何時才能得到救贖？直到我心裡藏放了一首歌，一首關於飛翔的歌，總在我失志時揚起旋律，提醒自己仍有徜徉於藍天的可能。（82字）

記得第一次聽見它，是在……………

03 首段過短

原文

題目／寬與深　段落／第一段　學校／新莊高中　作者／林璟秀

寬與深交織出人生的價值。寬，是包容；深，是歷練。（24字）

解釋

1. 篇幅過短且不精鍊，開頭氣勢極弱，加入排比譬喻增色。
2. 且動詞「交織」，與「價值」有些不合。「交織成一匹美麗的錦繡」、「交織成一曲動人的樂章」較爲恰當。

改寫

寬，是包容；深，是歷練。如海廣納百川，成其浩大，周載萬物，涵蓄生機，寬，爲我們的存在賦予了重量；如谷謙探地底，成其深邃，藏埋寶礦，蔽隱群樹，深，爲我們的生命增添了厚度。唯有寬深並濟，方能彰顯出人生的價值。（100字）

04 首段勿隨意敷衍，沒有經營

原文

題目／鄰座　段落／第一段　學校／新莊高中　作者／莊翔宇

身爲一個正在與學測奮鬥的學生，不論是讀書，或者是返家的交通工具上，每天都會接觸形形色色的人。其中最令人在意的，莫過於那些鄰座之人。（68字）

解釋

1. 非學測考生，就不會接觸形形色色的人嗎？
2. 爲何會在意鄰座之人？怎不將原因明確寫出呢？

改寫

生命中有許多人在我們身邊來去，慌忙而倉促，連面容我都無暇記憶。唯有那些在圖書室、列車裡短暫駐留的鄰座，因爲有著相當程度的交集，故而令我深刻難忘。（72字）

05 不要以冗贅的泛泛之論開頭

原文

題目／鄰座　段落／第一段　學校／新莊高中　作者／吳兆惟

人的一生中，常常徘徊在世上的某個角落。或許有時我們是孤身一人，但大多時候會有兩三個人陪在自己左右，或是你的家人，或是你的朋友、情人，亦或是素昧平生的人，甚至不是人。宛如李白「舉杯邀明月，對影成三人」一般，以排解獨飲之寂寞。（112字）

解釋

1. 長篇幅的制式泛論，放在首段，十分乏味。最常見的例子如〈我最愛的運動〉：世界上的運動有很多種，有棒球、籃球、足球、羽球、乒乓球、橄欖球、網球……，而我最喜歡的是棒球。
2. 試比較原文與改寫的紅色文句。無意義的累贅文字，請刪去或精簡之。

改寫

人生於世，遷徙流轉，有時孤身一人，有時則有人前來親近。無論親朋好友，或是素昧平生，甚至花鳥蟲魚、明月清風皆可爲伴。瀟灑如盛唐太白「舉杯邀明月，對影成三人」一般，排解己身孤絕之感。（89字）

06 莫在首段，便把文章曲折講完（一）

原文

題目／失去　段落／第一段　學校／新莊高中　作者／楊心妤

失去的時間如河川，奔流一去不復返；失去的輝煌如鮮花，艷麗一時總將凋零；失去的機會如青春，無法把握將徒留悔恨。我們無法再掌握失去的一切，但能試著去彌補造成的遺憾。（80字）

解釋

1. 最末句「我們無法再掌握失去的一切，但能試著去彌補造成的遺憾。」一出，感覺已到文章尾聲，後文該如何為繼？
2. 文章理想的結構應該是：開頭拋出問題→中間解決問題→最後對整個過程提出反思抒感。
3. 是故「試著去彌補造成的遺憾」應放於文章的中後段。

改寫

失去的時間如河川，奔流一去不復返；失去的輝煌如鮮花，艷麗一時總將凋零；失去的機會如青春，無法把握將徒留悔恨。當我們悵然地看著眾多事物，自我們身旁消逝，內心總是百感交集。（84字）

07 莫在首段，便把文章曲折講完(二)

原文

題目／焦慮　段落／第一段　學校／新莊高中　作者／陳昱妍

每當面臨問題時，你是否會焦躁不安？這樣的情緒對面臨的問題，是雪上加霜還是變成一種助力？每個人都有焦慮的時候，但若能將它轉變成一股能量累積起來，在處理問題的時候釋放，必定能大放異彩！（90字）

解釋

1. 焦慮爲負面態度，文章先以此切入後，於第三段再「轉」爲焦慮亦有可取之處。
2. 首段或可營造氣氛，或可闡析其義。在第一段，便把文章的轉折道盡，實不可取。

改寫

面對問題，免不了不安與焦躁的情緒。心馳思亂，隨之而來的焦躁情緒，更使人手足無措，如同滔天狂瀾，接連襲來，幾至令人滅頂。猶記那年琴賽前的忐忑，至今仍是我極大的夢魘。（82字）

08 轉折過早

原文

題目／我的解剖癖　段落／第一段、節錄第二段　學校／臺中一中　作者／王昱翔

解剖刀輕巧地劃開了蟋蟀的體壁，緩緩地，猶如翻開一本陳舊的古書一般，將蟋蟀的背側剝開，呈現眼前的不會再讓人聯想到小時候鬥蟋蟀的刺激畫面。對我來說，造物者最偉大的巨作，展現於前，深深感動了我。

然而，對我來說，解剖不只是在實驗中，更在生活中——所謂「事物的剖析」。

解釋

1. 文章的起承轉合，「承」通常是放在第二段，「轉」則置於第三段。
2. 以原文來說，承——「實驗的解剖」尚未詳述，馬上就要過渡到轉——「事物的剖析」，不僅後文將無以為繼，也會讓文章有闡述未竟之感。

09 過度經營，有時會忽略文意的通順

原文

題目／我理想中的教育環境　段落／第一段

學校／新莊高中　作者／黃乙峻

①教育之於人，猶如養分之於參天巨木，②三字經言：「人不學，不知義。」大概便爲此意吧！③若缺少了教育如何能站在巨人肩膀上吸收知識？④更何況待人處事、道德倫理這些基礎的人文素養呢？（84字）

解釋

1. ①爲譬喻；②引用；③④則是闡述，作者刻意設計不同的句法，若文句意涵相關，本無大礙。
2. 但細索其意：①教育是人成長的養分；②人若不學習則不知事物意涵；③教育爲加深加廣的基礎；④人文素養亦要學習。此四部分，並無因果連貫之意。

改寫

人因教育而卓成，猶如巨木因養分而參天。昔日孔子曾言：「不學詩，無以言；不學禮，無以立。」大概便爲此意吧！厚積深學，才能言之有物；循規蹈矩，方可守節昂立。在教育的潛移默化中，我們有所依傍，進而理解了自己存在的意義。（105字）

10 首段解釋題目意涵，要有層次

原文

題目／發現　段落／第一段　學校／新莊高中　作者／錢耀崴

牛頓發現了地心引力，進而提出萬有引力定律，發現的東西往往存在於無形之處，有時候必須仔細探索才能發現某些事物，有時卻是事物等待你去發現，縱使是不經意的，也可能使你獲得許多意外的收穫。（90字）

解釋

解釋題目意涵，也必須要次序井然：

1. 先解釋題目的第一層定義。如改寫①。
2. 再解釋題目的第二層定義。如改寫②。
3. 再解釋題目的第三層定義。如改寫③。
4. 若想擴增字數，可隨意在定義後，放入短例。如改寫①②。

改寫

①發現是爲了探索未知，開拓新境，如牛頓發現引力，促成力學的長足發展；②發現也是爲了打破現有秩序，創建嶄新倫理，如老莊發現自然至理，以清靜無爲解放儒教之拘謹；③發現的過程也是有趣的，有時眾裡尋他，最後徒勞無功，有時驀然回首，卻有著意料之外的收穫。（118字）

11 解釋題目，先泛論，後漸入重點

原文

題目／我理想中的教育環境　段落／第一段

學校／新莊高中　作者／蔡欣庭、陳子賢

1. 從日治時期開始六年義務教育到現今的十二年國教，不難看出教育的重要性。（34字）

2. 從小就喜歡閱讀的我每天都希望著能夠趕快上學，在學校中也非常勤奮地學習並堆積自己的實力，好讓未來有良好的路可以走。但直到現在，教育體制日新月異、變化萬千，使得學習環境有所差距，有的人覺得公平，有的人堅持反對，因爲這樣的變化，其中一定有些許的不平衡。（123字）

解釋

1. 首段若太過落實，整個文章的格局便拉不高。
2. 雖說寫作不可過於泛論，但在短短幾行的首段卻是個例外，寥寥數句，勾勒出文章的氛圍，有助引導讀者進入後文。
3. 如同題目〈我理想中的教育環境〉，先泛談「『教育』的意義」，再切入題目主題「教育的環境」。

4. 或是題目〈爲自己加値〉，可先泛論「『加値』的意義」，再切入題目主題「爲自己加値的意義」。

改寫

紅色文句爲三個層次（①先定義「教育」，再以②做銜接句，最末以③「理想的教育環境」作結）

①教育，奠定國力的重要基礎。知識的遞傳，提升了國民的競爭力；禮儀的教化，安定了國家的秩序。②而教育的成效，則取決於教育環境的營造。③能激發學生熱情，樂之好之，甘願領受學習的潛移默化，並適性揚才地找到自己的定位，我想，這便是我理想中的教育環境。（118字）

12 烘托氛圍，營造美感

原文

題目／我有一個夢　段落／第一段　學校／新莊高中　作者／張瑜倩

夢，界於理想和現實之間，也許夢想有些遙不可及，但一直朝著夢想邁進，努力實現，就有機會觸碰它。而我的夢想是當一名正義、救濟弱小的檢察官。希望能以我的一己之力，爲國打擊犯罪，作爲人人敬重的檢察官。（96字）

解釋

原文的寫作手法，一般常見，吸睛效果稍減。若能在首段營造縹緲氛圍，再切入主題，效果應會更佳。

改寫

同樣的畫面，一直浮現在我的腦海，停踞在我的夢境。那是一件深黑色的寬長法袍，懸飛在空中，風微微的吹弄它的袖，像是在對我招徠。

於是我走向它，想像自己穿上它後，便有掌握審判陰陽的權柄，劃定黑白的分

際，釐清亂世的混序。於是我走向它，即使知道穿上它後，開始有了承擔與背負，隱隱的威脅與壓力也意欲將我吞噬。但我還是願意走向它。（157字）

從小，我便渴望能擔任一名撥亂反正的檢察官……

13 情境的具體與模糊(一)

原文

題目／自勝者強　段落／第一段　學校／新莊高中　作者／李琬淳

那一天我一步一步踏上那如履薄冰的階梯，恐懼在我胸口蔓延，緊張在我心上竄動，當鎂光燈打在我身上的那刹那，全場屏息的瞬間，我腦海裡卻是一片空白，我試圖遺忘臺下期盼的目光，試圖戰勝自己。（90字）

解釋

1. 開頭營造情境，多爲虛無縹緲，拿捏不好恐怕會令人不知所云。
2. 兩種修改方式可改善此謬誤：
(1) 多放一些明確字詞在首段。
(2) 於第二段開頭必得說清楚。

改寫

首段加入明確的字眼

猶記當時，我一步步踏上通往舞臺的階梯，如履薄冰，那是我傷後復出的首場琴賽。恐懼在我胸口蔓延，緊張在我心上竄動，當聚光燈打在我身上的剎那，全場屏息以待的瞬間，我腦海裡卻是一片空白，我試圖遺忘臺下期盼的目光，戰勝自己的怯懦。（110字）

第一段可模糊，第二段一開頭就要說清楚

猶記當時，我一步步踏上通往舞臺的階梯，如履薄冰，恐懼在我胸口蔓延，緊張在我心上竄動，當鎂光燈打在我身上的剎那，全場屏息以待的瞬間，我腦海裡卻是一片空白，我試圖遺忘臺下期盼的目光，試圖戰勝自己的怯懦。

那是屬於我的鋼琴發表會，一年多的練習，只爲這一刻能美麗地綻放。……

（134字）

14 情境的具體與模糊㈡

題目／失去　段落／第一段　學校／新莊高中　作者／林璟秀

原文

燭光搖曳著，忽明忽暗的光影，帶給人一種莫名的惆悵，病榻上，那容貌是如此熟悉，但此刻看去竟略顯生疏，你用祥和的神情撫慰著大家的不捨，你望著我們欲言又止，最終，你靜靜地用所剩的微弱氣息，將燭火吹熄，我感受得到，黑暗中，盡是無聲的不捨和無窮盡的哀愁。（122字）

解釋

是生日嗎？還是停電呢？爲何病床會有蠟燭呢？這些，我們都無法自原文中理解。

改寫

首段加入明確的字眼

燭光搖曳著，忽明忽暗的光影，帶給人一種莫名的惆悵，病榻上，那容貌是如

此熟悉，但此刻看去竟略顯生疏，你用祥和的神情撫慰著大家的不捨，你望著手捧蛋糕的我們，欲言又止。最終，你靜靜地用所剩的微弱氣息，將燭火吹熄，我感受得到，黑暗中，盡是無聲的不捨和無窮盡的哀愁。（128字）

第一段可模糊，第二段一開頭就闡明

燭光搖曳著，忽明忽暗的光影，帶給人一種莫名的惆悵，病榻上，那容貌是如此熟悉，但此刻看去竟略顯生疏，你用祥和的神情撫慰著大家的不捨，你望著我們欲言又止，最終，你靜靜地用所剩的微弱氣息，將燭火吹熄，我感受得到，黑暗中，盡是無聲的不捨和無窮盡的哀愁。

你已臥病床上兩年，每年此刻，我們都會爲你慶生，試圖爲你尋回一些歡樂。……（158字）

15 首段所描述的情境，不可製造矛盾或與後文毫無關聯

原文

題目／最好的時光　段落／第一段、第二段

學校／新莊高中　作者／蔡仕軒

操場上，各個班級蓄勢待發，都想稱霸大隊接力第一名，每個站在跑道上的跑者，背起奪取第一的石頭，賣力向前衝向終點，最後，站上臺上領獎，贏得了喝采，辛苦也沒有白費了，我想最好的時光的感覺莫過如此。

小四的我，有一天突然有了一股學鋼琴的熱情，懇求媽媽之下，終於答應了，繼而開始有了對鋼琴的瞭解與喜愛，小五那一年，老師要我參加學校的比賽，起初，我非常不想參加，但年幼無知的我，只能像板上的魚肉，任老師宰割，只能把怨言吞回去。選定了曲子，每天規律地反覆練習，心情也一天一天的緊張了起來，此時也只有練習才能撫平我的緊張。日子一天一天的逼近，曲子也越來越得心應手，終於到了一展長才的日子。坐上了鋼琴椅，深呼吸，使緊張不要搗亂，手指在黑白相間的琴鍵自適地飛舞著，把成果呈現給評審。演奏完畢，那種如釋重負的心情且交雜著完成目標的喜悅，我想那就是我最好的時光了吧！（370字）

解釋

1. 開頭若用敘事情境，可略分以下兩種情形：

(1) 敘事體文章，如〈最驚艷的旅程〉，第一段可以描繪旅程中的開端（如搭乘飛機），也可以描繪終點站，以倒敘法謀篇。

(2) 論說體文章，如〈逆境〉，第一段可以描繪逆境過程中的某一畫面（如家人離散，屋舍混亂冷清）。

2. 〈最好的時光〉之敘事情境開頭，應取材自你心目中最好時光的某一片段。

3. 但原文開頭卻以「運動會」一事揭始，除了與次段毫無關聯，更容易讓人誤以為此事便為「最好的時光」。讀到末句，才知作者以整件事來描述一種感覺，實在有些冗贅。

4. 原文第二段的取材也非寫「彈奏的美好」，只寫比賽的經驗，較偏向「逆境」、「自勝者強」。

5. 開頭僅以虛筆來詮釋何謂「最好的時光」即可。詳見改寫第一段。

改寫

月光下的南唐舊憶，是李煜眷戀難捨的過往；庭院裡的幻想嬉戲，是沈復難以回返的稚年。我亦有屬於自己的，最好的時光，當我稍一垂想，耳邊就會響起錚瑽的樂音，繚繞不絕。

小學四年級，我首次攀上那座黑沉的鋼琴，輕觸琴鍵，清亮的音色便自琴箱竄出，嗡嗡作響。初始單調而反覆地練習，的確沉悶而乏味。所幸，一年之後，我便有了識譜彈奏的能力。有時我撫弄琴鍵如撥弦，纏綿不斷的滑音似流水；有時我敲擊琴鍵如鳴鼓，澎湃雄壯的單音似吶喊。我彷若聲音的魔術師，舉臂搖指，即能召

喚出千百種聲響，交織奏響。

琴藝漸深後，我與鋼琴開始有種難以言說的交誼，我的每一次觸碰，都能換得它傾注心力的應答，在狹仄的琴房中，我們約見對談，已成習慣。我的歡欣與沮喪，總能輕易地感染它的聲色，輕快狂亂委婉凝滯，具體地狀摹出我幽微的情思，我聽著那些旋律，突然有種被瞭解撫慰的感動。

也記得有一次，想向心儀的女孩表白，羞澀訥言的我，便央託鋼琴，爲我傾吐愛意。我開啓了手機的錄音功能，便開始鋪敘連篇的樂章，它不斷唱著那些愛與思念的歌謠，一整個下午。我已忘記有沒有送出那段錄音檔，只是昔日青春的蒙昧、心動的花火，仍令今日之我心驚。唉，那段有琴偎伴的年歲，便是我最好的時光了。（503字）

16 首段起興要情景相融

題目

陶淵明〈停雲〉：「靄靄停雲，濛濛時雨。八表同昏，平路伊阻。靜寄東軒，春醪獨撫。良朋幽邈，搔首延佇。」

詩人望著天際濃重不動的雲，不禁興起思念的情思。這種寫作手法稱之為「興」。現在也請同學根據親身感受或所見所聞，以〈停雲〉為題，以興為手法，讓天際的雲為寫作起點，不限定抒發的內容情感，書寫一篇完整的文章，文長不限。（102中模）

原文㈠

題目／停雲　段落／第一段　學校／新莊高中　作者／陳彥如

厚重濃密的雲層緩緩地停在赤熱的太陽前，遮住了猛烈灑下的刺眼光芒，留下了舒適的陰影。我們一群人四橫八豎地躺在被陽光曬得有些溫熱的草皮。但停雲再度緩緩飄離，而屬於我們最後的鐘聲從校舍傳來，我們也該離去了……明天就是畢業典禮了。（111字）

原文㈡

題目／停雲　段落／第一段　學校／新莊高中　作者／隆閔涵

望著天際變化無常、游移不定的雲，一股說不出的思念湧上心頭。（29字）

解釋

1. 「興」，便是藉由具體觸及某物後，引發出心中抽象情感。必須將某物狀繪後，才能順暢連接後面的感懷。
2. 原文㈠做得較好，描繪了停雲開始流動，暗寓了在校園暫行停留的學生，即將啓程。
3. 原文㈡未以停雲起興，恐有偏題之失。且觀雲後，尚未細述引發內心感動的原因，次段就直接發抒思念祖母，十分不妥。

改寫

㈠

雲重霓濃，流浪的腳步似已疲乏，停憩於熾熱的炎日前，爲我們造出陰翳，承遮了猛烈潑灑的刺眼光芒。我與同學仰躺在溫熱的青色草皮，暢談今日往昔，笑語生風，吹得天上停雲又開始潛移。凝視著逐漸逸去的雲影，我驀地安靜下來，因爲想到即將作別的自己。（114字）

(二)

天空湛藍如洋，雲島佇停，疏朗而雄闊。這樣的風景已在城市絕跡，唯有鄉間才留此完整視野。那時，某人總帶我馳騁想像，聽憑漫無章法的童言，狀繪每一朵停雲的樣貌。因此，每當我仰頭遙望晴空，便憶起她的聆聽與陪伴。（100字）

17 首段要不要有我？

可參看CH5〈14文章裡，自己的生命經驗不可語焉不詳〉。

原文

題目／我與別人大不同　段落／第一段

學校／新莊高中　作者／陳彥瑜

蒼鷹因為有翅膀故能翱翔天際，魚兒因為有了鰭才能在水裡來去自如，而人類則是有了一個聰慧的大腦，才能傲視萬獸。不同生物，有著不同的特徵，但在同種生物，卻也有著差異。（80字）

解釋

1. 題目既是〈我與別人大不同〉，「我」的存在應當是重要的。原文卻未見其蹤，只出現了大範圍的「人類」。
2. 應將原文的紅色文句處，替換為：我有了（與別人不同的特質），所以（有了某某成就）。
3. 段末的感想，亦為多餘，可刪去。

改寫

蒼鷹有翅，故能翱翔天際；游魚帶鰭，方可穿梭河洋。我也因爲擁有沉靜的理智，敏銳的觀察力，才能在這混雜的人世中，趨吉避凶，走出自己的精采。（67字）

18 首段之論述，勿雜混於次段

可參看 CH4〈08 應依段意，明確區分段落〉。

原文

題目／焦慮　段落／第一、二段　學校／新莊高中　作者／許昀芯

為什麼人自比為萬物之首？是因為人有七情六慾、人會思量、人會合作嗎？我自認為，人因為有了情緒，情緒是另一種釋出能量的方法，有歡愉所以會笑，有悲悽所以會哭，有焦慮所以會促使自己設法停下它。如何停下？也許是躲避不見，也許壓抑，但更多人選擇的是，讓自己勇敢面對，甚至砥礪自己勇於超越。

情緒是人一輩子擺脫不開的面具。焦慮是情緒的一種，面對自己被迫做的事時，就是它的出現時間，我們的行動被它左右。項羽因為焦慮自己是否有違背兄弟道義，遲遲不對劉邦出手，在鴻門宴還因此錯放劉邦，導致之後的敗亡；明太祖朱元璋焦慮己身非出於貴族，皇位受諸大臣非議，因而大興文字獄，砍殺許多知識份子；愛國詩人屈原焦慮君王身邊有太多奸佞，而無法聽聞忠君之言，導致國毀家亡，抑鬱不已而投江自盡。這些盡是焦慮控制了他們的行動，選擇逃避不願聞之的方式，但問題仍舊未解決，因此衍生出更糟的下場。（374字）

解釋

1. 第一段已在論述「情緒」，第二段起始的紅色文句處就無須再提及，使兩段段意各自完整，不要藕斷絲連。
2. 第二段的引例亦可再精簡。

改寫

人爲萬物之靈，情豐且智明，但有時心緒的混亂，容易濁汙了智慧的清明，致使行差言偏。像是憤怒使人口不擇言，憂愁則讓人不思進取，焦慮也是一種常見的負面情緒，當時間緊迫、受人逼使之時，便必得承受它的煎熬。

屈原在清濁之間焦慮，投江就義，以表清心；項羽因道義與王位的衝突而焦慮，鴻門錯放劉邦，以陷敗亡；朱元璋因自卑與疑懼而焦慮，大興文字獄，殲戮知識分子。焦慮讓他們倉皇無措，意氣行事，害人傷己，不但問題無從解決，千百年後依舊引人長嘆。（211字）

19 首段的末尾，應能與後文連結

原文

題目／最美麗的聲音　段落／第一段　學校／新莊高中　作者／李悅慈

闔上雙眸，除去了一切畫面的五光十色，讓心靈保持沉靜之時，才最能捕捉到美麗的聲音。這也是爲什麼盲者的聽覺能力較一般人敏銳的原因吧！他們用聲音來認識這個世界，而我們卻常因當下的心情、入眼的圖像，產生不同的主觀想法。（105字）

解釋

1. 最末以「入眼的圖像，產生不同的主觀想法」爲結，容易讓人以爲，第二段會描述「產生了哪些不同的主觀想法」。但本文重點，應該是要闡明什麼是「最美麗的聲音」。
2. 盲人的聽覺「敏銳」之例，與聲音之「美麗」較無關係，可刪。

改寫

我們常因當下的境遇、入眼的圖像，爲身旁物事加諸了強烈的主觀想法，偏見與誤解，皆由此起。不妨闔上雙眸，除去了視覺中的五光十色，用心靈去感受，以雙耳來捕捉，生活中最美麗的聲音。（86字）

20 首段結尾軟弱無力

原文

題目／應變　段落／第二、三段　學校／臺中一中　作者／王貫宇

應變是一種堅韌的表現，可以引領我們渡過困境；應變是一種靈活的表現，可以促使我們面面俱到；應變是一種卓越的表現，可以幫助我們達到顛峰。應變的形式無奇不有，因為這就是一種應變。（86字）

解釋

開頭應先聲奪人，令讀者眼睛為之一亮。原文的紅色文句處，語焉不詳，軟弱無力。

改寫

應變可視為堅毅，不困居逆境，不怨天尤人；應變可視為卓越，不安於現況，不作繭自縛；應變也是一種靈光乍現，不躊躇猶疑，不因常襲故。人生多變詭譎，每一次的波折與考驗，都讓我更深切體會應變的眞義。（94字）

（第二段接敘事，並說明你從該次應變的經驗體會為何。）

21 首段收尾要努力經營，不要倉促作結

題目／惑　段落／第一段　學校／新莊高中　作者／蔡博任

原文

人不是萬能的，遇到不明白的事物時常感到疑惑，子曰：「四十而不惑。」然而平凡的我們是否能達成？曾經以為疑惑只是不瞭解，後來才發現，疑惑其實是人在思考的證明。一個沒有惑的人，若不是終日無所用心、渾渾噩噩，不然是什麼？（80字）

解釋

枉費前文描述精采，最末句「不然是什麼」卻以口語收尾，令人好感盡消。

改寫

人不是萬能的，遇到不明白的事物時常感到疑惑，子曰：「四十而不惑。」然而平凡的我們是否能達成？曾經以為疑惑只是不瞭解，後來才發現，疑惑其實是人在思考的證明。一個沒有惑的人，若不是終日無所用心、渾渾噩噩，那麼便是行屍走肉，有體無魂的廢人。（117字）

22 莫以消極的思想作結

可參看 CH3〈02 不要有負面感想㈠〉。

原文

題目／逆境　段落／第一段　學校／新莊高中　作者／林思彤

人生中，各種不同的逆境無可避免。有的如萬嶂重疊的高山，想要橫越它的阻礙，必須要付出體力和時間；有些如毫無生機的荒漠，想要跨過它的險惡，必須要擁有毅力；有些如巨大的深淵，想要爬出黑暗，僅能靠著運氣。（98字）

解釋

1. 作文的基本調性，不應晦暗失志，而是要在反思之後，爲自己闖出出口。
2. 因此，首段若非因敘事關係，須先從低潮談起，否則便不應有消極思想。如原文所說，有些逆境只能靠運氣走出，那麼換句話說，不就是只能自生自滅嗎？
3. 因此，換個委婉的詞彙與語氣，意義與感覺都能兼顧了。見原文與改寫的紅色文句處。

改寫

人生中，遭遇各種不同的逆境無可避免。有的如萬嶂重疊的高山，想要橫越它的阻礙，必須要付出體力；有些如毫無生機的荒漠，想要跨過它的險惡，必須要擁有毅力；有些如巨大的深淵，想要爬出黑暗，有時還得有幾分運氣。（100字）

23 首段解釋題目，要文學不要科學

題目／四季的聯想　段落／第一段

作者／陽明國中學生

原文

四季是什麼？科學家表示，四季的形成是因爲地球公轉、地軸傾斜二十三點五度而造成春夏秋冬四個季節，有著不同的天氣、不同的景物和許多多的不同。（68字）

解釋

寫作文章，首重抒情、感懷、思想，而非以傳授知識爲主。李白絕不會將「黃河之水天上來」寫成「黃河之水巴顏喀喇山上來」。

改寫

四季遞嬗如歌，在我身邊依序奏響。當我走過爛漫的春光，行經盛夏的海岸，拾起地上的秋楓，最後在冬季的寒溫中憩息，我突然驚覺，在我周圍改換的並非氣溫與風景，反而感受到大地微妙的情緒，在歡笑或是哭嚎。（96字）

24 將文章視為獨立創作，無所依傍

題目

◎蘇轍〈黃州快哉亭記〉：「士生於世，使其中不自得，將何往而非病？使其中坦然不以物傷性，將何適而非快？」

◎曾國藩曰：「胸懷廣大，須從平淡二字用功。凡人我之際，須看得平，功名之際，須看得淡，庶幾胸懷日闊。」

◎《菜根譚》曰：「士君子持身不可輕，輕則物能撓我，而無悠閒鎮定之趣；用意不可重，重則我為物泥，而無瀟灑活潑之機。」

◎《傳家寶》曰：「人生在世，度量放寬些，一切好歹，都要容得；眼界放大些，一切高下，都要包得。」

請仔細閱讀上述文字，歸納他們的共同意旨，以白話文書寫一篇四百字以上的論說文，題目自訂。

※整篇文章必須自成完整結構。

※須有事理，有例證。

原文

題目／胸襟　段落／第一段、第二段

學校／精誠中學　作者／陳奕璁

上述文字所要表達的都是勸人要有開闊的胸襟、自己的心情可以由自己來掌控，不必被外物所蒙蔽。

有一句諺語說得好：「比海洋更寬闊的是天空，而比天空更寬闊的是人心。」沒錯，我認爲一個人如果能以豁達的心來看萬物那麼他將能超然物外，看事物能更透徹；反之如果用封閉的心、患得患失的心來看萬物，人就有可把自己困在小圈子內，再好的環境他也不能運用。（164字）

解釋

題目的文字只是一種寫作引導，並非要你針對它做評論。記得，你的作品是獨立的，不是依附在別的地方的。第一段的「上述文字」絕不能出現。

改寫

同樣是過一天的生活，你希望自己是愁眉鬱結地過，還是快樂微笑地面對呢？有一句諺語說得好：「比海洋更寬闊的是天空，而比天空更寬闊的是人心。」我認爲一個人若能以豁達的心來觀照萬物，那麼他將能超然物外，眞正看透事物的核心價值；反之如果把自己困在象牙塔裡，人生再多旖旎的風光，他也無法品嚐領略。（142字）

25 不同開頭的比較

原文(一)

題目／最好的時光　段落／第一段　學校／新莊高中　作者／蔡旻諺

國二的時候，資優班的導師向學校請了半天的假讓我們去校外上一堂特別的課，當初心裡想的結果不是美術館就是科工館之類的地方，但當我看見老師手指的方向時，我愣住了，「博正醫院」，四個大字映入眼簾，難不成自己要實習半天醫生？當時是這麼想的。（115字）

原文(二)

題目／最好的時光　段落／第一段　學校／新莊高中　作者／莊鎬璟

人生漫漫，在這當中常有許多吉光片羽使我們回味再三。（25字）

原文(三)

題目／最好的時光　段落／第一段　學校／新莊高中　作者／詹皓宇

人們總是在失去後才覺得美好，不論是一段感情或是一段時光，因爲無法回頭了，而只能在漸漸淡去的記憶中回想著，一段最好的時光，伴隨著一個人、一個場景、一個回憶，我想這是最主要的成分。（88字）

原文(四)

題目／最好的時光　段落／第一段　學校／新莊高中　作者／吳庭佑

每一天都是新的開始，會接觸到不一樣的事物，遇見不同的人，體驗有別以往的經驗。在這些時光當中，肯定有酸甜之味，有喜悲之異，不過，在內心深處，必有最好的時光收藏著。（80字）

原文(五)

題目／最好的時光　段落／第一段　學校／新莊高中　作者／葉湘晴

江上琵琶女懷想當年「五陵少年爭纏頭」的榮景，而今只在江上彈奏著淒楚；李閨秀詞人李清照回想當年與丈夫恩愛之情，而今徒留「悽悽慘慘戚戚」的詠嘆；李

煜遙想當年爲王的英姿，而今徒留一絲遺恨隨春水向東流。那些年最好的時光總留在記憶裡，讓人永懷不忘。（118字）

解釋

1. 首段應有序幕的感覺，須具備足夠的情韻，不要太過於落實。以此爲準，原文㈠－㈢弱於原文㈣－㈤。
2. 原文㈠直接切入重點敘事，且有些冗長與口語。於改寫處，補入紅色文句當開頭。
3. 原文㈡過於簡略。
4. 原文㈢有些冗詞出現。
5. 原文㈣有放入亮點句：肯定有酸甜之味，有喜悲之異。
6. 原文㈤以舉例揭始，較有氣勢。唯用詞可再精簡。

改寫

㈠

曾經我是那麼地狂傲與叛逆，無知且淡漠，直到我遇上了這麼一群人，引領我重新領會付出的歡悅、幸福的眞諦。我想，那個陽光灼燦的午後，便是屬於我的最好時光。（74字）

猶記國二時，導師領我們走出校園，計畫至一處機構探訪，我原以爲會前往美輪美奐的美術館，或展覽極多的科工館，但最後，我們落腳於一座歷史悠久的醫院前……

(二)人生漫漫，歡欣與憂愁不斷地交織互現，然後如過眼雲煙，轉瞬即逝。幸好，仍有許多吉光片羽被我們拾取，用以回味、印證，那曾屬於自己的，最好的時光。（70字）

(三)總是在失去後，因爲無法回首挽留，才得以萃選出時光的精華與美好，可能是一個人、一幀畫面、一段眷戀難捨的回憶。思及至此，我彷彿看見一個模糊的身影，在我心底漸漸暈散……（81字）

(四)每日都似一場嶄新的行旅，接觸不一樣的事物，遇見不同的人，體驗有別以往的經驗。在這些時光當中，肯定有酸甜之味，有喜悲之異，但必有一段最好的時光，被我們妥貼地收藏在心底。（83字）

(五)琵琶女一面彈奏哀音，一面追憶五陵年少爭纏頭的榮景；李煜遙念昔日鳳閣龍樓連霄漢的繁華，更加添故國不堪回首的愁鬱；李清照回想與夫習文之樂，而今徒留悽悽慘慘戚戚之嘆。那生命中最好的時光，原來令人如此眷戀難捨。（101字）

Chapter 3

關於結尾，要注意的是

01 結尾要慎重收結，勿草率了事

原文

題目／一處好地方　段落／第四段　學校／新莊高中　作者／盧澄宇

最後，都市和鄉村各有各的優點和缺點，但我所喜歡的好地方是我鄉下的阿嬤家。（37字）

解釋

1. 爲何在各有優缺點的狀況下，你會喜歡鄉下阿嬤家？尾段要能收束全文，必須說明理由。
2. 此爲常見的敷衍結尾，完全沒有獨特性。

改寫

鄉村有它的寧靜與落後，城市亦有它的便利與喧囂，無有優劣之分。在我心裡，獨愛阿嬤的那間鄉野老厝，因爲那裡洋溢著阿嬤對我的關懷，還有我對她的眷慕。（72字）

02 不要有負面感想(一)

可參看CH2〈22莫以消極的思想作結〉。

題目／永恆　段落／節錄第三段　學校／新莊高中　作者／陳冠宏

原文

……所以對我而言友情的永恆是非常困難的，慢慢地我也不去強力追求了，我認為「永恆」在我身上是幾乎不可能發生的。（52字）

解釋

感想不要消沉負面。你可以不置可否，可以重新振作，也可以留下懸問。

改寫

1. 對我來說，贏得一份永恆的友情極為困難，漸漸地，我也不再耗費心力追求了。但我仍相信，定有位體貼善意的摯友，在未來的某處等待，準備敲開我的心房，伴我同行。（75字）

2. 對我來說，贏得一份永恆的友情極為困難，漸漸地，我也不再耗費心力追求了。得之我幸，不得我命，在未來等我的若是孤獨，我便享受單身的自由，若仍有朋友願意共行一段，我亦全心相伴。（85字）

03 不要有負面感想(二)

題目／如果當時　段落／第一段、第四段　學校／新莊高中　作者／張瑜倩

原文

人生就像花朵一樣，凋謝了，那綻放的美麗只能停留在人們心中，不會再出現了。錯過一班飛機，可以等待下一班；錯過一部影集，可以收看重播；錯過一個對的人，可以期待下次的相遇；然而，有些事情錯過了，就再也回不來了。（102字）

人生就像一列火車，開往下一站，就不會倒回來；上過顏料的白紙，再怎麼掩蓋，始終不是那原來純潔的白；被染色的上衣，再怎麼使用漂白劑，也已經無法展現那原來亮麗的色彩了。（81字）

解釋

感想不要消沉負面。且首、末段兩處的喻依，略嫌類似多餘（火車、飛機；染紙、染衣），不如將之改爲前後呼應的格式。

改寫

人生如同艷花，凋謝了，那綻放的美麗只存於人們心中，難以重現；也如被染色的白練，再怎麼刷洗，已非原來純潔的白；錯過一個對的人，不知要磨耗多少時間與力氣才能重逢。許多事情錯過了，就再也回不來了。（95字）

我開始學會等候，一朵花開的燦爛；我開始學會保護，一匹白練的素淨；我開始學會珍惜，一位摯友的關懷。在經歷這段過程後，我告訴自己，有些事情我不要再錯過了。（75字）

04 結尾不要與其他段落意義相同

可參看 CH4〈09 統整段意，不重複贅述㈠〉。

原文

題目／我與別人大不同　段落／第一段、第四段　學校／新莊高中　作者／陳昱妍

每個人天生就是與眾不同的，從外在的長相、身材到內在的個性、脾氣，可能因成長背景的不同，或是經歷過的衝擊，而導致每個人流露出來的氣息不盡相同。我認為我和別人不一樣，不單指外貌，就個性來說，我覺得我和別人最大的不同在於自己擁有各種差異很大卻融於一身的獨特個性。

每個人可能因外貌、內在而有所不同，對我來說，我同時兼具不同個性的特質，是我和別人最大的不同！（172字）

解釋

1. 第一段已陳述：「每個人都不同」、「自己也跟別人不同」的段旨，最末段卻又重述此意。
2. 每段一主旨，彼此不矛盾也不重複，這是一篇好文章必須具備的特質。

改寫

每個人都是那麼地獨一無二，除了天賦資質外，不同的成長背景也會形塑出截然不同的性格與脾氣。我與別人大不同，因爲自己便是個矛盾的綜合體，能靜能動，幼稚與成熟，都並行不悖地存於體內。

我很幸運，能有著如此奇異的性格，讓我的生活多姿多采，不會僅固守一處風光，而忽略的其他的美好。我與別人大不同，這樣的不同，給我無比的富足。

（156字）

05 結尾沒有照應全文

原文

題目／為自己加值　段落／全

學校／新莊高中　作者／楊心妤

所謂加值，便是增加附加價值，使自己除了原有的實力，還能增添額外的能力，甚至可以使其相映生輝，因爲現代人總被時代變遷的雙手給逼迫著學習五花八門的「基本」能力，是故我們所處的世代，競爭已日漸激烈，必須爲自己加值，才能在眾多高手間，替自己開闢一條通往未來的光明道路。

憶起我的小學時代，在放學的道別後，同學們皆愉快地踏上返家之路，而我只能肩負沉重的書袋，行往補習班的方向。每每在學習中受挫時，或是在疲累勞苦時，總會怨懟母親的抉擇。年幼的我認爲學習英語，在使用中文的臺灣，是無用武之地，更何況鮮能有出國的機會，因此總是對於補英文一事，充滿了哀嘆。直到升上了國中，教育學程已列入此科目，我才逐漸意識英語的重要，且經過一段光陰的證明，我才日漸明瞭，和同儕相較之下，我的駕輕就熟，正是當年母親替我加值的緣故。

或許到了高中，補習班林立而學習資源廣泛，第二語言也成了普世必備，但我

仍能再拿出另一項專長——美工，除了專科課堂上鄰座的驚嘆，在各科上也能有應用之地，如地理課不可或缺的地圖繪製。雖然此能力一直以來僅被視為無足輕重的休閒嗜好，但是它總有能實際應用之處。我想就算是嚴謹的學科，也需要多元而活潑的才能潤滑之。

記者的專業需要語言能力，才能走訪各國增加工作機會；舞蹈家的才華需要語言能力，才能向各地介紹自我的光彩；政治家的手腕需要語言能力，才能在各邦國間靈活運用。不僅是語言，我認爲人人都需要額外的能力，替自己加值。（597字）

解釋

1. 雖然全文多著墨於語言能力，但第三段已另有提到「美工能力」，因此，最末的感想便不能避開不提。可參考改寫㈠。
2. 末段的「需要語言能力」一句，字多又不斷重複，極爲累贅。可參考改寫㈡。
3. 末段又說「不僅是語言，我認爲人人都需要額外的能力，替自己加值。」若其他能力很重要，爲何文中不加強說明？若語言才是最重要的，此句有存在的必要嗎？

改寫

(一)能照應全文

我用語言來溝通協調，汲取新知；我以畫筆點綴生活，引發驚嘆。未來，我可能會是個周遊各地的藝術家，或是個發想創意的廣告人，也有機會成為自然作家，筆繪鳥獸蟲魚。因為為自己加值外在能力，我的未來有了許多不同的發展可能。（105字）

(二)將語言能力改掉

語言的力量，強大且必備。記者藉之暢遊各國，筆錄新聞；教授藉之傳播學問，成一家言；政治家藉之縱橫捭闔，謀利避禍。在已成為地球村的今時，若無法掌控語言之用，來為己加值，將失卻先機，斷絕許多發展的可能。（97字）

06 結尾應能點題

原文

題目／舞臺　段落／第四段　學校／新莊高中　作者／陳建霖

不分種族，不分男女，不分信仰，不分老少，每個人每分每刻皆是在爲自己的登臺而預備。這就是人生，這就是舞臺，唯有汗水滑落臉頰，交雜著那艱辛的淚水，直到滴入土中，才能長出通天的巨木。（88字）

解釋

1. 淚水滴入土中，爲何能長出通天巨木？應將「長出」改爲「澆灌出」。
2. 「通天巨木」與題目「舞臺」並無關係，以此作結極怪。

改寫

不論膚色與性別，信仰或年紀，我們存在的每分每秒，都是在累積登臺的能量。我相信，唯有付出，才能攀上舞臺，唯有盡情揮灑汗珠與淚水，方可攫獲每一位觀眾的視線與掌聲。（77字）

07 前後呼應使文章結構更佳

可參看CH3〈03不要有負面感想㈡〉。
可參看CH3〈12沒有收尾之感〉。
可參看CH5〈11文章安排盡量有伏筆、有呼應〉。

原文

題目／逆境　段落／第一、四段　學校／新莊高中　作者／林思彤

人生中，各種不同的逆境無可避免。有的如萬嶂重疊的高山，想要橫越它的阻礙，必須要付出體力和時間；有些如毫無生機的荒漠，想要跨過它的險惡，必須要擁有毅力；有些如巨大的深淵，想要爬出黑暗，有時還得幾分運氣。（100字）

儘管逆境在生命中會不斷地出現、阻撓，但若能靠著自己的能力、毅力克服，最後得到的果實絕對會格外甜美。（49字）

解釋

原文的結尾，平凡無奇，若尾段能改寫成前後呼應，則能加分不少。

改寫

成長的過程中，逆境不斷鍛鍊我的心志，由軟弱變為剛強。面對高山，我憑藉能力攀援；臨至荒漠，我秉持毅力跨越；即使跌入黑暗深淵，我也相信天助自助，奮力爬出。逆境對我而言，再也不是咒詛，而是挑戰與測驗。（97字）

08 結尾不要與前文矛盾

原文

題目／發現　段落／第三、四、五段　學校／新莊高中　作者／紀景云

人總是有自己的優缺點存在，發現自己的優點並非難事，但卻鮮少有人可以發現，而後正視自己的缺點。以人爲鏡使得我能發現自己的缺點，進而改善自己，讓自己能更加進步。

有發現，就能造就改變，改變而隨之進步。隨著先人們不斷地發現，創造了一頁又一頁星光熠熠的未來，跟著這一次次的「發現」，人類才能從蠻荒走向文明。現在的我，雖然仍未發現未來的我該踩在什麼樣的道路，但我依然相信總有一天，我能發現到自己存在的意義。（197字）

解釋

1. 第三段說明自己正視自己的缺點，與第五段不知未來該怎麼走，段旨雖有不同，但一積極一迷惘，感覺相互矛盾。
2. 改寫部分，因原文第二段描寫發現朋友之重要，故加入與此段旨呼應的元素，讓篇章更加緊密。

改寫

因爲朋友給予無私支持，自己懂得審辨良窳，我慢慢在迷霧中，拓尋出一條嶄新道路。我相信終有一天，我能發現自己存在的價值，還有那未竟的夢。（66字）

09 結尾要逆轉，前面應埋伏筆

原文

題目／最好的時光　段落／全　學校／新莊高中　作者／林品均

對有些人來說，最好的時光也許是他正值人生顚峰的時刻，因爲達成了夢想，獲得了成就，嚐到那份美好的滿足感；至於有的人則認爲最好的時光應當是那段在爲達成目標而努力不懈、勇敢奮鬥、不屈不撓的階段，因爲沒有那段艱苦歷程，就沒有往後的美好。

而在我心中，最好的時光就是國小時每天被爸爸訓練自我管理、自我獨立的日子，世上的小孩我相信都會有依賴的特質，這是無可避免的，這也是人類最根本的一種心理。因此，爸爸希望透過從兒時即逐漸養成獨立的習慣。那時的我如同平凡小孩般喜歡玩耍、看電視，而不愛幫忙做家事或是主動讀書、學習，所以爸爸便列了個清單，告訴我有什麼事必須自己完成，否則會加倍處罰。那時的我不懂他的用心，所以總是做得不情不願，苦悶著爲什麼同學都不用做這些事呢？這些雜事不應都是大人該做的嗎？有幾次還因爲爸爸怒斥著叫我進書房念書，害得我無法看到期待已久的電視節目而大哭一場，與爸爸賭氣。

但十年後，即將步入大學階段，現在的我跟之前比起來成長許多，對於許多事，我也學會了自我面對、不依託別人、獨立自主的態度，現今回想起兒時那段回憶，雖然當時有許多的不滿，但那卻深深的影響我一輩子，感謝爸爸那段嚴厲的時光。（490字）

解釋

1. 題目是〈最好的時光〉，敘述內容理應幸福、快樂，但作者卻描寫父親嚴格的庭訓，只在末段逆轉，提及了這段時光的收穫，進而成爲最好的時光。
2. 若想嘗試這種逆轉式的寫法，前面一定要埋入幾句伏筆，才不會讓最後的轉折，過於突兀。以此篇來說，可放入一些「似乎有些幫助」、「漸漸地，我的惡習消失了」的句子。

改寫

最好的時光，人們各有不同的解讀方式。有人以爲正值人生顛峰的時刻，最爲美好，因爲達成了夢想，獲得了成就；我則以爲，最好的時光應當是那段爲達成目標而努力不懈的階段，若無那一段艱辛苦痛，就沒有往後的美好。

猶記幼時，我喜歡玩耍、看電視，晨起總是賴床、放學後永遠不愛拿起課本，屬於孩子的慵懶，我一樣都不缺，當時人事不知，只會追求純粹的快樂。父親看見了，開列了一張家規，清楚載記每天的作息與工作，若有違犯，除了剝奪零用金，

還會禁止所有娛樂。初時，我憤恨地與他抗辯，他總丟下一句我不能理解的話：「我是爲了你好。」

我必須在晚餐過後，負責沖洗碗盤，才能觀看電視；我必須在最短時間迅速完成作業，才可換得一些休憩時間；我必須在晚上九點，整理好書包，熄燈就寢，以期翌日能準時上學。我的日子變得充實而規律，卻仍覺得無奈與枯燥，直至老師察覺了我的改變，不再似以前粗心含糊，在課堂上對我嘉勉，我才察覺，這樣的嚴苛要求，似乎對我有某種程度的幫助。

升上高年級，父親更要求我要負責打理家中整潔，掃拖地板，清潔浴廁，是週末的例行事務，即便遇到月考，也不可能暫停。我曾經哭鬧著說：「要是考不好都是你害的。」父親只說：「平常若有準備，何需擔憂？若是縱容你做事虎頭蛇尾，才是害了你。」這樣的要求與訓練，逐漸琢磨出我與同齡小孩不同的氣度，沉穩負責，做事周詳有計畫。每逢家族旅行，除了打理自己的行李，還能協助父母處理雜務，因此總引來其他親友的讚嘆。

其實習慣之後，早已不以爲苦，更別說自己獲益良多。在即將步入大學的時刻，我已成熟許多，對於許多事，也學會自我負責與面對。現今回想起兒時那段回憶，縱然當時有許多的不滿，卻深深地影響我一輩子。感謝爸爸那段嚴厲的時光，也是爲我完美生命奠基的最好時光。（715字）

10 結尾莫作冠冕堂皇之語

原文

題目／最美麗的聲音　段落／第四段　學校／新莊高中　作者／王紹安

許多人都告訴我們多去外面的世界，去欣賞、去觀察，別把自己困於一隅之中，不一定大自然的聲音是最美麗的，但也可以增廣自己的所見所聞。（63字）

解釋

1. 第一段作者定調「在我的感受中，大自然的聲音是最美麗的」，結果末段卻又說「不一定大自然的聲音是最美麗的」，前後矛盾。
2. 聲音可以「增廣見聞」？太牽強。
3. 許多人在尾段時，爲了要有一個發人深省的尾聲，要不就老生常談，要不就義正詞嚴，卻忽略了這樣的論理，是否得當。

改寫

許多人都鼓勵我們，多去親炙世界的美好，在天寬地闊中，去欣賞觀察這些美好。大自然的聲音，除了美麗動人的特質外，它也讓我們在聆聽的時候，仔細感受其中的細微韻味，變得安靜謙卑、有情多感。（90字）

11 結尾過多說理，較不精采

題目／舞臺　段落／第四段　學校／新莊高中　作者／許昀芯

原文

我曾認爲我會害怕上舞臺，但初次登臺後，我竟覺我很享受被他人肯定、喝采，這讓我雀躍臺下的努力一點也沒有白費，而且也成爲我下次步上舞臺的動力；縱使評語有些殘酷，觀眾也很現實，但也就是此不欺瞞的反應，才更能從中得知己失，予以改善。（112字）

解釋

開頭與結尾，旨在營造氣氛與韻味。說理實敘的部分，置於中段即可。

改寫

曾經，我以爲自己懼怕舞臺；而今，我卻樂於登臺演出。無論掌聲與喝采，叫囂或批評，我都勇敢地領受，那將予我力量，爲我褪去生澀，讓我持續固守在舞臺的一隅，散發光熱。（79字）

原文

12 沒有收尾之感

題目／最好的時光　段落／全

學校／新莊高中　作者／侯昱全

與爺爺面對面坐在榕樹下，擺上棋盤對弈，沒有手機、電視、網路，只有徐徐的微風、鳥鳴、棋子與棋盤碰撞聲、我和爺爺的對話。這只屬於我們爺孫倆的時間，便是我最難忘、最美好的時光。

將士象車馬包卒，還記得小時候，爺爺用臺語一個字一個字地唸，教我認棋，耐心地教我下棋，從此我愛上了中國象棋。爺爺在我幼稚園時出了意外，腦部動了手術，很多事都忘光了，腦袋也沒之前靈活了，但就下棋這件事他沒忘記，而我也只能透過下棋和爺爺互動。

一開始，我每次都輸爺爺，不論我作弊、耍賴，最後還是被爺爺神奇地逆轉，每當我輸時，爺爺總是和藹地笑著，不說半句話。漸漸地，當我棋藝有所進步時，爺爺就在我們對奕過程中教我如何下，才能贏得勝利，但最後還是我輸。雖然不曾贏過，但這屬於我們的小天地，讓我至今仍懷念不已。

如今，我長大了，爺爺也有年紀了，爺爺不再百戰百勝，反而常常犯了我從前

常疏忽的錯誤，換我來提醒爺爺，爺爺就會笑笑地說：「唉呀！我怎麼忘記了！」我們爺孫倆都笑了出來。

前些日子，爺爺心臟出了問題，動了手術，當我看到爺爺躺在病床上，插了好幾根管子在身上，我想起那屬於我們爺孫倆的回憶，心中難免難過。還好爺爺順利出院，而我最想做的事，便是和爺爺對弈，就像以前一樣。（509字）

解釋

1. 大部分的文章結尾，應是針對題目、內容敘事，抒發以己身所思所感作結，才有將文章收束的力道。
2. 此篇的末段，僅用寥寥數語，將敘事作結，有些薄弱。

改寫

㈠針對內容補足感想，且製造前後呼應

前些日子，爺爺心臟出了問題，動了手術，當我看到爺爺躺在病床上，插了好幾根管子在身上，我想起那屬於我們爺孫倆的回憶，心中難免難過。還好爺爺順利出院，而我最想做的事，便是和爺爺對弈，就像以前一樣，沒有輸贏，只有難以掩抑的歡聲笑語。

這是我人生迄今的最好時光，常令我貪戀未止。倘若能夠交換，我願傾注所有，成就這一幅永恆的風景——榕樹、微風、鳥鳴、棋子、我和爺爺。（177字）

(二)藉由題目意涵，補足感想

前些日子，爺爺心臟出了問題，動了手術，當我看到爺爺躺在病床上，插了好幾根管子在身上，我想起那屬於我們爺孫倆的回憶，心中難免難過。還好爺爺順利出院，而我最想做的事，便是和爺爺對弈，就像以前一樣。

或許之後，我會嚐盡人生的百況千味，這一段最好的時光，仍舊是無可取代的遺跡，隨時供我垂思瞻望。它所包藏的簡單快樂，足以救贖我的苦悶；它所保留的關懷陪伴，也能陪我抵禦一程風雪。（182字）

13 結尾不要有畫蛇添足之句

原文

題目／最好的時光　段落／第四段　學校／新莊高中　作者／楊喻婷

那段時光讓我眷念、難以忘懷，也令我有了一番體悟——儘管我身在何處，只要身旁有位意義深重的朋友陪伴，在那裡都會是個快樂幸福的天堂。美好的時光最重要的是「誰」與我去創造出的。（85字）

解釋

1. 連接詞有誤：「儘管」要改成「不管」。
2. 最末一句：「美好的時光最重要的是『誰』與我去創造出的。」不管在意義上，或是朗讀出的感覺，都有些多餘，應刪除。
3. 考場作文時，若時間仍有剩餘，自己要衡量時間是否足夠補上意義完整的句子，若否，便寧可割捨。

14 結論要獨立出來

可參看CH4〈14只有三個段落——不知剪裁〉。

原文

題目／人間風景　段落／全　學校／新莊高中　作者／吳雨芹

柳宗元遊西山達到「心凝形釋，與萬化冥合」的境界，瞭解到自己的渺小，許多作家總以遊覽風景的感想來闡述對人生的啓發，因爲大自然的原始力量是人類所無可匹敵的，也隱藏了現代文明人所需學習的人生哲理。

某一次全家到旗津玩，媽媽指著沙灘旁那座小山，說爬到頂端看夕陽很美。我們跟著她走到山下時，我竟退卻了，當時天氣炎熱，又玩了一天的我感到疲累不堪，無力再走上去了，因此我和爸爸待在陰涼的山洞裡休息，而媽媽帶著弟弟爬上山去。等到夕陽落下後，媽媽一臉滿足地向我們走來，說著我們不去眞是太可惜了，看不到那樣的美景，下次一定拉我們上去。

過了幾個月，朋友提議去旗津玩水，我們玩了一下午後，我轉頭看見那座山，突然想到媽媽的話，於是提議去山頂看夕陽，那時的天氣已轉涼，我們一邊聊天開心地走著步道，沿路雜草很多，還有些仙人掌。那時仙人掌背後映著夕陽的光芒，彷彿在發光似的，我便隨手拍了下來。不花多久時間，我們就走到山頂了。那裡有

個平臺，周圍的護欄很低，爲了能讓遊客完整欣賞風景。我往夕陽那端走去，頓時被那美景給震懾住了，往下一看剛好是一大片海，橘黃色的夕陽散發光芒，把周圍的雲和海都染上了美麗的金黃色。因沒有護欄的阻擋，我就像是浮在半空中，眼前的美景環繞著我，我就站在原地享受著直到夕陽漸漸消逝。在下山的路上，我不停感激著，幸好有上來看看，要是因爲一時的懶惰而錯失了這樣的美景，我一定會後悔一輩子。（583字）

解釋

1. 原文只有三段，且第三段過多，導致篇章失衡，可再精簡或分段。
2. 原文最末的紅色文句，可獨立出來作結，並多加修飾充實。

改寫（原文第三段）

數月後，朋友相約旗津戲水，無意間瞥見那座山，想起母親當時的讚嘆，於是提議上山遊觀落日。午後天氣轉涼，我們循著步道登高，隨興自在地談笑作樂。沿路雜草叢生，偶有仙人掌點綴其間，夕陽以餘暉襯底，草株彷彿都在發光。

來到山頂平臺，已有遊客逡巡守候，周圍護欄低降，或許是擔心割裂了完整的黃昏景致。忽然，色溫一變，太陽即將西沉，我頓時被那美景震懾，無法言語。橘黃色的夕陽，將天際雲霓，山腳汪洋，都染上美麗的金黃，萬物之間的差異忽然泯

滅，我耽溺於這樣的美好，佇立許久，直至夜臨。

不因怠惰而抱憾，不因疲憊而廢行，下山途中，我感激自己的一念之轉，讓生命中出現了這樣精采的遇合。（278字）

Chapter 4

關於段落，要注意的是

01 段落之間，要思考是否銜接順暢(一)

原文

題目／逆境　段落／第二、三段　學校／新莊高中　作者／高詠渝

曾幾何時，我畏懼接觸人群，我害怕與人相處卻無所適從的尷尬，因此我總默默地處在邊界，假裝自得其樂地與自己相處，安分守己。但即便寂寞是無形的，心能承受的份量又能有多大？因此我不斷地改變自己、轉換心境，渴求能褪去孤獨的面具，敞開心胸擁抱團體。但努力快樂並不盡能使內心眞正愉悅，曾有好長一段時間適得其反，而使自己遭憂鬱籠罩。

水沖破堤防往低處流，而人突破逆境往高處走。奠基舞蹈基礎稍嫌太晚的林懷民，不顧年紀的綑綁絆阻，秉持對舞蹈的滿腔熱愛，支持著他勤奮不輟，提升舞蹈藝術不遺餘力，成爲華語社會第一個現代舞團「雲門舞集」的創辦人；不幸罹患「類風濕關節炎」的劉俠，即便一身病痛，也盡力以勵志爲主題，鼓勵諸位讀者面對障礙，發揮生命的潛能，成爲家喻户曉的名作家「杏林子」；馬拉松跑者林義傑，超越烈日及狂風的阻撓，勇闖撒哈拉沙漠與北極，跑出生命的寬度。莎士比亞曾說：「在命運的顚沛中，最容易看出一個人的氣節。」（395字）

解釋

1. 段落銜接處的文句，意義應能承上啓下，才能使文章緊密。
2. 原文紅色文句處，沒有承接上段文末「陷入憂鬱」的狀況，下文例子也不盡然都是「往高處走」。

改寫：原文紅色文句處替換

直至我展讀書頁，才救贖了我的低潮。一些泅泳於人生逆流的名人，現身說法，提及折磨與惡境，如何爲自己淬煉出智慧的輝光？

02 段落之間，要思考是否銜接順暢(二)

原文

題目／永恆　段落／第一段、第二段　學校／新莊高中　作者／張師維

時間不斷地向前走，總會問自己：「在這世上究竟什麼是永恆的呢？」除了水，我似乎說不出其他例子了。

每到假日或者特殊節日，我便會獨自來到外公遷化後安放它骨灰的寺院中，與外公說說心裡的話，也陪陪一下我很想念的外公。（103字）

解釋

1. 前段提及「水爲永恆之物」，後段則提及「外公已故」，兩者無關，造成段落銜接不密，文意前後不一。
2. 改寫的紅色文句處，便是極佳的銜接句，向前銜接永恆，向後銜接親情。
3. 改寫後的發展，便可說慢慢瞭解外公教導的觀念、兩人之間的回憶、作者感受到的關懷，都是永恆不變的。重新找回對永恆的信心。
4. 說說、陪陪的疊字運用，多半置於想「表達童趣」的文段中，一般敘事可避免。

陰陽潛移，天地遷變，我看著雲捲雲舒，不免心生悵然，總會問自己：「在這世上究竟什麼才是永恆的呢？」有人說嶽麓難平，川河難停，後來我才知道，親情的崇高與深邃，更是無法註銷。

余憶童稚時，外公親切撫育塑養，那時我也以爲這樣的幸福沒有盡頭。直至外公仙去，才拔除我對永恆的想像。我僅能利用祭祖之時，向沉眠於陶甕的外公傾吐相思。（151字）

03 段落之間，要思考是否銜接順暢㈢

原文

題目／發現　段落／第二、三段

學校／新莊高中　作者／葉湘晴

我喜歡爬山，呼吸著山中的清新的空氣，沐浴在林中花草樹木的芳香裡，偶有鳥兒停駐我肩，啁啾地唱著歌，這總讓我感受到「蟬噪林愈靜，鳥鳴山更幽」的清閒，也體會到登山者的極樂。在登山時我總觀賞山中的植物，有一次我看見一棵高聳入天的紅檜，如此高大而雄偉，好似睥睨其下的萬物，傲然地站在那兒，而就在驚嘆其之壯觀後，我發現它的樹根竟然短而少，而且長成「人」字。眞的好奇怪啊？如此高大的樹，其根不該是長而多且綿延千里的嗎？

原來外觀高挺發源自微小的根基。這也和我們人類一樣啊！即使出自渺小，但只要給予適當的環境使其自由發展，再加上充足的養分去灌溉，終能長成參天巨木。即使出自微小也不必自卑，只要努力充實自我，並給予合適的營養，你我都可以成爲一個成功的人，由紅檜我發現了這個小道理。（330字）

解釋

1. 第二段末尾的問句讓人難以與下一段銜接。依其語氣，作者似要表示：「大樹之根本該綿延千里，此地大樹之根卻短少。」語氣充滿疑惑，但於下段卻迅速領悟。
2. 另外，「長成人字」、「眞的好奇怪」的敘述亦可刪去。
3. 改寫時，將看見紅檜的狀況與感想併爲一段，意義較爲完整。
4. 第三段「微小」之意重複過多。

改寫

我喜愛爬山，尤其是被功課煩困時，更欲往它的懷裡奔逃。嗅聞著山中的清新空氣，浸浴在花草林木的芳香裡，偶有飛鳥穿梭枝葉間，啁啾成鳴，空靈的聲響，讓此處變得幽靜，也讓心靈變得平和。我發現，人與環境無法截然兩分，入城後的混亂，出塵後的恬然，都深受周遭物事的浸潤。

某次，我發現一株紅檜，高聳入天，龐巨而雄偉。它垂首睥睨萬物，傲然挺立，有帝王之姿。但其根細短而寬疏，不免令我驚奇。我想到自己手拙腦蠢，原以爲便要這樣平凡下去了，但當我看見紅檜的細根，完全無礙它茁長成參天的體貌，我突然生發不少信心，只要不撓不歇地，充實自己的外在與心靈，或許，每一個人都可以偉大。（274字）

04 每段都要歸結出段旨、感想

可參看CH1〈17取材單一，未能完整釋題(二)〉。
可參看CH5〈17通篇都是敘述，恐流於單調而淺薄〉。

原文

題目／發現　段落／第二、三段　學校／新莊高中　作者／隆閔涵

在漫漫人生道路上，我發現我對潛水的天賦。從小，不管自己如何啃食書本知識，就是無法吸收完全，而使得自己消化不良，毫無信心。但是，當我在高一那年暑假，卻有了不一樣的發現。當爸爸在講臺上傾囊相授，講得口沫橫飛，把所有我們該習得的潛水常識一一說明，我總是能夠融會貫通並舉一反三，讓爸爸以我為榮，並帶我去「實地演練」下潛至海中。

在浩瀚的大海中，背著氧氣瓶和裝備的我，發現了以往從未親眼見到的海底世界之美。我總是把生活周遭的所有事物視為理所當然，以致於美的東西明明離自己只有一隻手的距離，卻忽略而無法映入眼簾。在無法用言語表達溝通的海裡，那景著時給我的心頭投下了顆震撼彈，我想，我們常對於熟悉的事物批判，甚至是破壞，卻忘了最美的事物，其實遠在天邊，近在眼前。（323字）

解釋

1. 第二段純粹敘事，稍嫌空洞。
2. 每個段落應放入不同的主題，來呼應題目〈發現〉。如改寫第二段，放入「發現潛水天賦」，第三段改成「發現海景與現實陸地的差距，這世界並不缺少美」，第四段改成「發現海洋危機（環保）」。

改寫

不愛讀書的我，總覺日子百無聊賴，與他人相較，更顯懦弱自卑。直到父親領我踏入潛水的領域，我才大夢初醒，知曉自己原有副柔軟的肢體、與生俱來的運氣技巧。我慢慢重拾信心，找到自己的定位，在與水流的競渡中，我突然體會，發現自己的天賦才能有多麼的重要，昔日之我還如涸轍之鮒，今日漸具潛蛟之姿。

我熱愛大海，我發現那裡有著與陸地截然不同的景觀。海洋沒有豪宅大廈，或是工廠核爐，它自然純粹的美麗，無害地魅惑著我，像是海草的招搖、珊瑚的止棲、魚群的竄游，都能療癒漸趨死硬的心靈。果然，這世界從不缺少美，只是缺少了發現。

但我也發現，居住平陸的我們，習焉未察，不知深邃無邊海洋，逐漸被我們製造出的汙染給濁髒了。今日的海底，海草萎黃、珊瑚化石、魚群凋解，若非潛水以觀，眞不知自己也成爲戕害環境的劊子手。原來，發現還能清楚鑑照己身缺失，以彌補不可逆返的傷害。（365字）

05 段意不全

原文

題目／我的房間　段落／第二、三段　學校／新莊高中　作者／陳子賢

……媽媽帶我來了一個小房間並且跟我說：「以後這就是你的房間囉！」我一聽完，已經快樂到無法用言語來形容，我只想大叫。從那一刻起，我幾乎沒有離開過我房間半步，一心只想著怎麼經營這小房間，怎麼讓這房間更漂亮，我無時無刻都想著它。

現在想起來還眞搞不懂當時爲何那麼喜歡這有點破舊，牆壁有些許的裂痕和手印，雖然嘴巴上是這麼說，但我心裡還是對這房間有濃厚的情感。（174字）

解釋

1. 第二段後面提到：「怎麼經營這小房間，怎麼讓這房間更漂亮。」原以爲後段會承接敘述，卻不見蹤影，令人錯愕。
2. 每寫一事，有因就要寫出果，有果就別忘了因，愼記。以原文來說，「想經營房間」是因，「於是我如何著手經營」是果。

3. 病句：我無時無刻都想著它。→我無時無刻不想著它。

改寫

……媽媽帶我來了一個小房間並且跟我說：「以後這就是你的房間囉！」我一聽完，興奮莫名，一心只想著怎麼經營這小房間，讓它神采煥然。

我先拿了桶油漆，將略顯黯灰的壁堵刷上燦亮的天藍色澤，然後請母親爲我裁了一片簾布，垂掛在微風徐徐的窗邊。最後將音響擺置床頭，讓音樂洩流而出，我便隨著旋律與節拍，愉悅地將剩餘雜物收整入櫃。自此，這便是由我主宰的領地了。

現在憶起，還眞不懂當初怎對這房間如此著迷！或許，這便是冥冥的因緣牽繫，我爲它妝點形貌，它收藏了我的存在。（222字）

原文

06 段旨不膚淺，要深入

可參看CH1〈20深化題目內涵〉。

題目／發現　段落／第二、三段　學校／新莊高中　作者／林建利

回想起那一如往常獨自帶著相機、騎著單車到處探索的下午，我來到了一個小眷村，這是一個我從未觸及的小地方。我馬上停下車子，決定用雙腳來細細品味這一個純樸的地方。老爺爺們有的在大榕樹下象棋，充滿智謀的搏鬥隨著他們的一來一往互相廝殺著，村裡的小孩有的正找著最好的地點，好讓自己不被玩躲貓貓的其他人發現，有的則是快樂地玩著鞦韆，連一旁的老奶奶也用燦爛的笑容傳遞出這無可取代的天倫之樂，這一個寧靜而自然的村莊儼然是我那一個下午最溫馨的發現。

還有那一個在海邊與貓咪們的邂逅也是令人難忘：就在結束黃昏夕陽的拍攝之後我偶然發現了一群小貓就在身旁打轉著，不知不覺我已藉著鏡頭捕抓牠們每一個玩耍、嬉鬧的表情，時而愉悅滿足，時而賭氣憤怒，就這樣轉眼間來到了夜晚。然而我也與牠們的出現相處了好長一段時間，而牠們的各種神情也竟成了那一天最棒的收穫。（360字）

解釋

1. 段末感想過於簡略，沒有深度，試著強化它。
2. 第二段可以「紊亂社會中的清靜之地」作結；第三段則以「萬物有情」當主軸。
3. 有許多文句過長，應節省之，或加入標點。

改寫

回想那日，肩負相機，便騎乘單車隨興探索。我闖進一處小眷村，那是我從未觸及的境地，遂下車步行，想浸淫於此間悠閒靜謐的氛圍。榕樹下，老人正在對弈，沉思的、欣喜的、懊惱的面龐，饒富趣味。孩子從我身旁溜過，正歡悅地玩著躲貓貓，想找一處永不被發現的祕密基地。公園旁，奶奶攜著孫兒盪著鞦韆，我從旁取影，將他們的笑臉攝入，彷彿也收藏了那銀鈴般的笑聲。現今社會，觸目所及皆爲謾罵質疑，擾得心煩，但這處寧靜自然的村莊，儼然是我那日最溫馨的發現，慰撫了焦躁，帶來了平和。

某次，結束了海邊落日的外拍後，我發現腳邊有一群幼貓前來親近。我俯低身子，捕捉牠們每一個玩耍、嬉鬧的表情，時而愉悅，時而慍怒，直至夜幕降垂，牠們才紛紛離去。後來，看著相片中幼貓的千姿百態，才發覺萬物有情，無論鳥獸或葉木，都有屬於自己與世界應對的語言。（349字）

07 只在段末直述感覺，沒有設計鋪陳

原文

題目／我的幸福香氣　段落／第三、四段
學校／新莊高中　作者／沈昀萱

還記得國小六年級參加縣市語文競賽時，父母因爲工作，不曾到場爲我加油過，但總是在賽前給我信心、鼓勵我，賽後也是第一個詢問我比賽結果的人，被父母親時時刻刻掛念著，真的很幸福。

古人云：「身體髮膚，受之父母。」父母親甚至比我自己還要關心我的健康。我依稀記得小的時候，有一次我毫無預警地在路上昏倒，模糊的目光中，母親驚恐傍徨的表情令我印象深刻，在醫院醒來時得知患得「自律性神經失調」，而身旁的家人是那麼地關心、照顧我，此時的幸福勝於身體上任何病痛，迅速在我體內流竄。（228字）

解釋

描述快樂、痛苦、幸福、喜愛，一定要在敘事、話語、行爲間便融入這些情感，千萬不要死板地以「敘事＋我很□□」的模式出現。

每回參加演講比賽，我總是獨自撰稿、練習，父母因爲學歷不高，所以無法提供專業的意見，但他們仍是試圖表達關懷與愛。父親會在賽前聆賞一遍我完整的演出，無論是否失誤，他永遠是高聲叫好，拍紅了手掌。而母親則是默默地在旁，爲我熨熨衫裙。這種微小又龐鉅的幸福，我始終不虞匱乏。

某次，我因故而昏倒路旁，母親即刻拋下手邊工作，往醫院飛奔而來。在模糊的目光中，我瞧見她爲我仔細地擦拭身子後，索性憩臥在椅上，許是怕誤了餵我服藥的時間。她的陪伴與照料，相當程度地療癒了我的病痛。我深覺被人呵護的幸福，帶來了無限的可能，恍如神蹟。（248字）

08 應依段意，明確區分段落

可參看 CH2〈18 首段之論述〉，勿雜混於次段。

原文

題目／舞臺　段落／第二、三段　學校／新莊高中　作者／黃悅慈

舞臺對我而言曾經很遙遠，因爲對自己沒有自信，害怕臺下對我的評價是差的，所以就選擇了逃避！但我發現，那麼做我並不快樂……活在一個沒有目標、沒有上進心的世界裡是可怕的，是寂寞的，後來我慢慢試著回到自己的舞臺上，也許表現得並不佳，但那是可以自我成長的。會想讓自己更好，會希望觀眾可以因爲自己的表現獲得些幫助和快樂。而影響我，讓我有勇氣回到舞臺上的是後天爲了舞臺付出很多努力的地才——蔡依林。

她從一個跳舞同手同腳的平凡女孩，爲了自己的舞臺不斷的練習，現在才成就了現在的蔡依林。她的舞蹈老師也曾說過她是個拚命三郎，爲了在舞臺上展現最好的表演給觀眾，她一定練到完美爲止。她的努力鼓勵了我，她都能做到，我相信我也可以。（301字）

解釋

1. 原文第二段末尾：「而影響我，讓我有勇氣回到舞臺上的……蔡依林。」應改置於下一段，才不會有段意被割裂的狀況。
2. 另外，原文第二段絲毫未提自己的舞臺為何？段意空泛。改寫處明確寫出是「長笛演奏的舞臺」。

改寫

音樂的舞臺曾距我遙遠，因為毫無自信，因為畏對觀眾，所以選擇逃避。但這樣的我並不快樂，活在一個沒有目標的世界，可怕而寂寞。後來，看見一個女孩的故事後，我鼓勵自己帶著那根長笛，重返舞臺，或許表現不盡人意，但我確信，觀眾的批評鼓勵能讓我成長，我的樂聲也能給予他們溫柔撫慰。

讓我滿懷勇氣回到舞臺的那個女孩，便是叱吒歌壇的蔡依林。她從一個不諳舞蹈，同手同腳的女孩，蛻變成舞臺上的動感歌姬，憑藉的便是心中那不服輸的倔強，不管身上磨挫出多少傷痕，只為成就最完美的演出。那時，我便拋下心中的膽怯，湧生了有為者亦若是的壯志。（252字）

09 統整段意，不重複贅述(一)

可參看CH3〈04結尾不要與其他段落意義相同〉。

原文

題目／舞臺　段落／第三、四、五段　學校／新莊高中　作者／陳彥瑜

從小時我有記憶起，便喜愛四處拆東西。在別人眼中，或許只是在搞破壞、製造麻煩。不置可否孩子總會有好奇心，而這份好奇心，就成爲了我登上夢想舞臺臺階的動力。這個舞臺不僅只是一個夢想，對我來說，是一個必須完成的事。自幼時，家境並不算好，便想以此，來改善家庭的狀況。

對此，我曾做了不少的努力，從國中起，我便總往圖書館去，看著裡頭一切有關於電或機械的書籍，持之以恆地繼續，使我獲取不少知識，也令我覺得我又往我的舞臺靠了幾步，而偶爾我也會上網看一些資訊，充實自己，爲未來造橋鋪路。

但升學資格之嚴格，也曾令我萌生退意，可此時，要替家庭改善狀況的想法，也會隨之浮現，使我有再次向前的動力。（285字）

解釋

1. 原文紅色文句處，相同意涵卻在不同段落出現，有冗贅之嫌。宜併於一處。

2. 「不置可否」有不予置評之意。置於此處不甚恰當。

改寫

從我有記憶開始，便喜歡拆裝物品，窺探它們裡頭的祕密。在別人眼中，或許是胡鬧破壞，但這樣的好奇心，便成爲我登上夢想舞臺的動力。對此，我傾付不少心力，翻遍圖書館內關於電力與機械的書籍，持之以恆，讓我受益匪淺。或是上網搜尋熟手的經驗談，來解決實務上的關竅，我一步一步，踏實地踩著臺階而上。

紛至沓來的考試與課業，卻非如此單純，文科的記誦之學，曾令我萌生退意，但我總提醒自己絕不能輕言放棄。自小家境的困窘，讓我備嚐辛酸冷暖，我念茲在茲，便是想以勤讀來扭轉這宿命。因此，電機這舞臺對我而言，並非可有可無的夢想，而是一件必須完成的使命。（261字）

10 統整段意，不重複贅述（二）

原文

題目／人間風景　段落／第一、二段　學校／新莊高中　作者／李姿儀

我們每個人在每一天的作息、每一個舉動，都是一種人生中的體驗，而只要我們去用心領悟其中的感動，每一個人間風景，都會是我們人生中美好的印記。很多時候，人生路程中偶然發生了一些事，而這些事或許只是些微不足道的瑣事，又或許這些事足以讓人生有重大的轉折，但我們往往能從中找到自己的人生哲理。從小，我就很喜接觸新的事物，看到別人學了什麼才藝，我也會吵著要去學。所以，舉凡鋼琴、舞蹈、繪畫、圍棋、珠心算、口琴等諸如此類的才藝我都因為一時覺得新奇而去學習過。但是沒有一項有學超過一個月的，因為任何才藝都是需要時間和恆心去學成的，而我總是在新奇感褪去後，就不再有心持續下去。（278字）

解釋

1. 原文第二段段首的紅色文句處，涵義幾乎與第一段相同，可統整為一。

2. 才藝部分列舉太多，過於冗贅。改寫處縮爲「琴棋書畫」。

改寫

每個舉止，每件偶然發生的事，或許看似微不足道，卻都可能成爲扭轉人生的關鍵。若能潛心靜思，體悟其中的感動與哲理，每一幅人間風景，都能映亮我們的生命。

自小，我便喜歡接觸嶄新事物，琴棋書畫，皆通習之，卻未有一樣專精。因爲在初學的新奇感褪去後，學習的動力便無以爲繼。（129字）

11 沒有做出層次

題目／最美麗的聲音　段落／第三段　學校／新莊高中　作者／莊鎬璟

原文

在一次的因緣際會中，我到現場看球。比賽開始的瞬間，轟隆巨響，有鼓聲、汽笛聲、加油棒的碰撞聲，再加上球迷們聲嘶力竭的加油聲，有如火山爆發、海嘯襲來、天崩地裂的震撼。我稍稍冷靜之後，也加入吶喊的行列。忽然一陣巨響，全場肅靜，裁判舉起了右手轉了幾圈，原來是全壘打。在這一瞬間，全場更加沸騰，我也跟著大家叫得渾然忘我，享受著如此美好的瞬間，這樣又震撼又美麗的聲音，使我三月不知肉味，爲之感動。（192字）

解釋

1. 既然要呈現球賽開始與全壘打高潮，兩種不同層次的聲音，一開始，就要做好設定。
2. 怎會一開始就已經「火山爆發、海嘯襲來、天崩地裂」，到達極致，後來的「更加沸騰」就不足爲奇了。

那次是我第一次到場觀球，與電視機前的感受截然不同，哄鬧熱血的聲響，直擊耳膜，也引帶起我的熱血沸騰。鼓聲咚咚放喊，汽笛聲尖嘯入雲，加油棒交互擂擊的碰撞，爲我支持的隊伍營造出高揚的鬥志。偶有戰歌自遠方傳來，由微弱而洪亮，隨著贊聲的人越多，歌聲如潮如浪，層層疊疊地翻捲過來，我也情不自禁地扯嗓嘶吼。忽然，一記響亮的撞擊聲自本壘傳出，原本嘩噪的球場瞬間斂息，直至裁判舉起右手轉圈，大家才忘情地爲這支全壘打喝采，拉高分貝，忘情地肆叫。若說剛剛球員的揮擊是點燃了引信，觀眾席便是一座炸裂的火藥庫，天崩地圻的歡呼幾乎震聾了我的耳。但這種眾志成城的音調，休戚與共的頻率，幾乎令我墜淚。我開始迷戀球場觀賽的臨場感，以及那美麗的加油吶喊聲。（310字）

12 適時分段，便於閱讀

原文

題目／舞臺　段落／第二段　學校／新莊高中　作者／蔡博任

我曾經以為舞臺只是一個表演的場地，在眾人面前表演自己的技藝，或博君一笑、或賺取表演費。在我眼中這些在舞臺上發光發熱的人是厲害的，我明白他們為了站上舞臺，所花費的心力是十分龐大的。電視上的武術達人，為了打出一套拳法，數載寒暑如一日；鋼琴家為了彈一首曲子，每天練習十多小時；甚至古代的「十年寒窗無人問」。後來發現，這些人之所以比別的表演者更加耀眼，是因為他們知道：既然已經選擇站在這個舞臺上，就要比別人更出眾。他們擁有破釜沉舟的決心，與焚膏繼晷的努力，因為如此他們才能立於常人之上。（239字）

解釋

1. 同一段落字數太多，會令讀者疲累。應從紅色文句處，截分為二。
2. 原文前半為「『敘述』對舞臺意涵的前後理解」，後半則為「『論述』表演者努力之因」。若從中間隔，分作兩段，則段旨會更清楚分明。

我曾經以爲舞臺只是一個表演的場地，在眾人面前表演自己的技藝，或博君一笑，或賺取表演費。但隨著我年紀漸長，才知道這些人的苦心孤詣，我明白他們爲了站上舞臺，所花費的心力是十分龐大的。電視上的武術達人，爲了熟習一套拳法，經霜歷炎而未休；鋼琴家爲曲盡樂章之幽微，指腹成瘡；書生甚至十年寒窗無人問，以意志力勇闖龍門。

這些人之所以比常人更加耀眼，是因爲他們知道，既然已經選擇站在這個舞臺上，就要比別人更出眾，擁有破釜沉舟的決心，與焚膏繼晷的努力，才能恆立於舞臺之上。（232字）

13 只有三個段落——材料不足

原文

題目／最好的時光　段落／全　學校／新莊高中　作者／鄭勝文

不知不覺，已到了今年的最後一個月份，距離高中生的第一次出征，已經非常接近，每天日以繼夜地以書爲友，以桌爲床，課業的壓力著實令人喘不過氣，這時常常想起，過去有段無憂無慮的美好時光——童年。

兒時，沒有煩惱，每天都過得非常快樂，常與姊姊到鄰居家中串門子，我們時常一起嬉戲、一起午睡、一起吃點心。有次假日，雙方父母都有空閒，便相約出門走走。我們到家鄉附近的一片山林郊遊，一邊閒聊，一邊爬著小山，看見小溪，便跑去喝了一口。沁涼的清水下肚，感覺渾身舒暢。就這樣玩到傍晚，才下山回家。

兒時的生活，雖然都像這樣平凡，沒有什麼驚奇的故事，但卻最令我嚮往，最令我難忘，沒有煩惱、彼此間沒有心機、沒有壓力、沒有人世間的各種醜態，有的只有單純，這是最原始的快樂，是人生中我認爲最好的時光。（332字）

解釋

1. 作文段落，基本上應有四段。
2. 文章只有三個段落，會出現兩種情形：
(1) 材料不足：學生思慮不廣，篇幅極短。
(2) 不知剪裁：學生下筆千言，但不懂剪裁，會導致段落分配不均衡。
3. 若同學的狀況爲第一類，應要加強自己取材的能力：
(1) 多方閱讀：觀摩同學相同題目的作文，深研他人的思維。讀及任何題目或散文時，每一篇都試著設想自己會如何構思。
(2) 體驗生活：開放自己的感官，不要再對周遭諸事毫無感觸。
4. 建議原文的第二段擴張成兩段，一段寫爬山之感，一段寫戲水之歡，讓關於最美好時光的敘述，成爲文章最主要的部分。

改寫

不知不覺，已至歲暮，沒有跨年過節的欣悅，只擔心大考將至。夜以繼日地與書爲友，倚桌爲床，緊迫的課業壓力著實令人無法喘氣，總在寤寐之際，想起孩提時，那無憂無慮的美好時光。

我記得那時的生活，每天都被笑聲充滿，我與姊姊，常和一群鄰家小孩，同伴共樂，嬉戲談天。午後悠長，更適宜玩耍，一行七人便組成探險隊，至後山長征。夏日的後山，蟬聲喧鬧，我們煞有介事地追蹤行軍，掘土尋寶，用它換取源源不絕

的甜食和零嘴。日暮時，深林逐漸幽闃，大夥簇擁著彼此快步下山，深恐潛伏在黑暗中的山妖暴起肆虐。思及此，不禁啞然失笑，童稚的想像，是那麼地漫無邊際，卻又讓人深信不疑。

假日，大人有了餘裕，也會領我們到溪流邊，沖消一些暑氣。我總趁著眾人還沒下水弄汙溪河，大口地啜飲清泉，彷彿能將肚腹間的渣滓淘洗乾淨。在那還沒男女之別的年紀，我們總褪去全身衣著，遁入水中，潛移至別人的腳邊作弄。女孩喜歡坐在石頭上，雙腳踢起水花；男孩要不在旁跳水，要不就玩起水漂競技。石片在水面輕靈地彈跳，激起一陣又一陣的漣漪，如同我們雀躍無憂的童年，只是當它停止飛翔，墜入河底，岸邊的嘩笑忽然安靜下來，隱隱有種成長的先兆。

童年時光，雖然如此平凡，毫無驚奇，卻總令我眷戀難捨。沒有心機，只有單純；沒有壓力，只有歡樂；沒有人事間的醜態，只有最素樸的美好。這是我的最好時光，或許，也是你所渴望的。（563字）

14 只有三個段落——不知剪裁

可參看 CH3〈14 結論要獨立出來〉。

原文

題目／停雲　段落／全　學校／新莊高中　作者／李璇

山抹微雲，霧氣迷濛，眼前的勝景緊攫我的視線，陶醉於一覽眾山小的闊氣，沉醉於徐風解襟的舒緩，久久不能自己。

我喜愛登山，登山是種複雜的心情活動，更是磨練耐力的好途徑。初攀之時，仰望天空的層層雲朵，悠閒自適地輕飄天際，一股我與雲朵甚遠而不可達的感慨油然而生，然而卻更激勵我欲一覽高峰、鄰近層雲的志氣；攀登於山腰之際，感覺腳下的步伐愈發沉重，每向前邁一步，身上的疲憊就更添一分，早初的鬥志氣昂亦在堅持不懈與怠慢鬆懈的拉扯中逐漸消磨。倏忽間，眼角瞥見一片薄如雪花般的雲朵，憶起其即爲當時初登此山時，昂首所見的那遙不可及的雲，我恍然大悟：人生何嘗不若登山，雖過程艱辛難捱，路途布滿荊棘，然在每一履一進之中，我們同時地邁向成功，就如同此雲般，原覺遙遠不可至及，方今之時卻已臨於身旁近乎可觸。有了意外的醒悟，一解我心中的複雜情緒，可將疲憊化爲動力，驅使我邁向峰頂。

秉有堅韌不移的信念，我順利攀登此山頂峰，環顧四周美景之盛，山腳下的房舍成了一點一點的小黑團，點綴著小若棋盤的盎然綠野，潺湲的溪流如脈脈血管，穿梭在廣袤大地，徐風吹拂，一朵輕盈的雲朵飄來，映入眼簾，我忽地想起那片激勵著我的雲朵，俯視望去，探詢它的身影，赫然發現其依舊停駐原地，我不禁會心一笑，原來在此次登山過程中，我已藉由自身的努力與毅力，一步步地靠近，同時一履履的實踐，至終也成功地達到目標，更超越了自己。（577字）

解釋

1. 全篇五百七十七字。第一段五十二字，第二段三百二十二字，第三段二百零三字。比重明顯不均。尤其中間段落，應在一百五十字左右最爲適當，故將第二段拆分爲二。
2. 段落過長，除了不易閱讀外，亦讓段落大意無法凸顯。
3. 首段的「不能自己」應該爲「不能自已（停止結束）」。

改寫

山抹微雲，霧氣迷濛，眼前勝景緊攫我的視線，陶醉於一覽眾山小的豪闊，沉醉於徐風解襟的舒緩，久久不能自已。

我喜愛登山，除了能淘洗心靈，更是磨練耐力的好途徑。初攀之時，仰望天空的層層雲朵，悠閒自適地輕飄天際，遠不可達的感慨便油然而生。這並不會使我退

卻，反更激起欲一覽高峰、鄰近層雲的志氣；行步山腰之際，腳下步伐愈發沉重，每向前邁一步，疲憊就更添一分，早初的志高氣昂，亦在堅持不懈與怠慢鬆懈的拉扯中逐漸消磨。

倏忽，眼角瞥見一片薄如棉絮的雲朵掠過，山腳下昂首所見的那遙不可及的雲，此刻已臨於身旁，近乎可觸。我恍然大悟，人生亦如登山，雖然過程艱辛難捱，荊棘滿布，然在一履一進之中，我們步迎成功。這意外的醒悟，一解我心中的掙扎與困惑，足將疲憊化爲動力，驅使我邁向峰頂。

順利凌登此峰，環顧四周美景之盛，田間房舍如石玉，點綴著小若棋盤的盎然綠野，潺湲的溪流如脈脈血管，穿梭在廣袤大地，徐風吹拂，一朵輕盈的雲朵飄來，映入眼簾，我忽地想起那片逗引我上山的雲朵，仰頭馳觀，探詢它的身影，赫然發現其依舊停駐原地。而我不知不覺地，藉由自身的努力與毅力，也成功地達到目標，更超越了自己。（478字）

原文

15 段落不要過於零碎

題目／我最重要的選擇　段落／全　學校／新莊高中　作者／陳怡潔

選擇是人生的難題，人生是選擇的累積。人生中每一次抉擇都像在摸索幽暗寂靜的森林中的小徑，身邊危機四伏，更有「時間」這頭洪荒巨獸伺機而動。無法猶疑，我們只能不斷前行，在事過境遷後才方能探知，當時的選擇是對是錯。

我最重要的選擇源起於大喜與大悲交織而成的悲憤。

在我尚還年幼時的某年夏天，爸爸病倒了。從如廁時出血起始，查出了爸爸因經年累月地熬夜、抽菸、喝酒與交際應酬致使的肝病。原以為此後小心保養身體，即使病去如抽絲，從家中送到普通病房，從普通病房進到急診室，從急診室飛往大陸，只因在大陸才等得到機會換肝。

歷經驚懼與思念的煎熬，好不容易等到了可開刀換肝的日子，爸爸卻在當日清晨與我們天人永隔。

全家都陷入哀傷的泥淖。既使幼小如我，也在悲傷渲染下沉默，活力不再。待得一年半載，我才驚覺，家中曾幾何時已沒了歡笑。

我決定，要脫離悲傷，重新振作，重新帶給家中歡聲笑語。

在此之後，我才明白，當時稚氣幼嫩的我其實做出了一生中最重要的選擇。不再耽溺於悲傷，重新揚起笑容，凝聚起家人心中的正能量，回首望去，正是這個決定讓我走出迷霧蕩漾的森林，繼續與家人攜手前行的起點。（470字）

解釋

1. 原文分爲七段，過於瑣碎。
2. 改寫處已整併爲五段：適度將父親生病的過程結合（第三、第四段），將父死後的心路歷程結合（第五、第六段）。
3. 並應詳細描述父死後的心路轉折，才不會讓轉變過於突兀。如改寫的紅色文句處。

改寫

選擇是人生的難題，人生是選擇的累積。人生中每一次抉擇都像在摸索幽暗寂靜的森林小徑，身邊危機四伏，更有「時間」這頭洪荒巨獸伺機而動。無法猶疑，我們只能不斷前行，在事過境遷後才方能探知，當時的選擇是對是錯。

我最重要的選擇源起於大喜與大悲交織而成的悲憤。

在我尚還年幼時的某年夏天，爸爸病倒了。從如廁時出血起始，查出了爸爸因經年累月的熬夜、抽菸、喝酒與交際應酬致使的肝病。原以爲此後小心保養身體，

即使病去如抽絲，從家中送到普通病房，從普通病房進到急診室，從急診室飛往大陸，只因在大陸才等得到機會換肝。歷經驚懼與思念的煎熬，好不容易等到了可開刀換肝的日子，爸爸卻在當日清晨與我們天人永隔。

全家都陷入哀傷的泥淖。即使幼小如我，也在悲傷渲染下沉默，活力不再。待得一年半載，我才驚覺，家中曾幾何時已沒了歡笑。我思及生前開朗無憂的父親，他會希望自己構築出來的家庭，因他而陷入一蹶不振的深淵嗎？我決定，要脫離悲傷，重新振作，重新帶給家中歡聲笑語。即使這是一件不容易的事。

數年之後，我才明白，當時稚氣幼嫩的我其實做出了一生中最重要的選擇。不再耽溺於悲傷，重新揚起笑容，凝聚起家人心中的正能量，回首望去，正是這個決定讓我走出迷霧蕩漾的森林，繼續與家人攜手前行。（520字）

Chapter 5

關於篇章，要注意的是

01 書寫中，無以為繼時，請反向拓思

可參看CH1〈12展擴思路，再權衡如何使用〉。

原文

題目／舞臺　**段落／全**　**學校／新莊高中**　**作者／莊鎬璟**

步上階梯，走向舞臺，這是每個人可以展現自我的地方。然而，在登上舞臺之前，是需要經過一段十分漫長的用心雕琢，才能成爲舞臺上眾所矚目的閃耀之星，贏得觀眾的喝采。不過，如果不好好珍惜站在舞臺上的機會，讓臺下的觀眾失望，所得到的就是一片噓聲。

曾經，臺灣的職棒風靡一時。球員站在球場上，拿出自己最好的一面，展現給觀眾席上的球迷。不過有些球員忘記了自己曾經想要爬上這個舞臺所做的努力的拚勁，被金錢所誘惑，斷送了自己成爲球星的道路，摧毀了可以展現自身球技的舞臺。（224字）

解釋

1. 原文才寫到二百二十四字，便無以爲繼，分數絕對慘不忍睹。
2. 請記得反向拓思。第二段寫到打假球的反例，爲何第三段不續寫球場上努力拚搏的正例呢？

3. 有反，就有正；有古，就有今；有老，就有少；有快，就有慢；有成功，就有失敗；有遺忘，就有記取；有遺憾，就有快樂；有他例，就有己例……

4. 如果題目爲〈遺忘〉，第二段若寫「遺忘令人難過」，第三段就不妨寫「遺忘帶來的好處」。

5. 改寫補上第三段（正例）、第四段（己例）、第五段（感想）。

改寫：（續寫文章後半）

因爲這些不知自愛的球員，曾讓球場蒙上齷齪作僞的闇影，令我默然遠離。直到年初的經典賽，我重新看見許多球員在賽場上努力拚搏：投手的指肉被球面縫線割裂，球褲血跡斑斑；打者奮不顧身以頭撲壘，想搶下上壘的機會，彷彿用血與汗澆灌著這舞臺……雖然最後仍以一分之差敗給日韓，但已喚回球迷的熱血靈魂。

幼時我滿懷憧憬，能成爲一個出色的球員，登上職棒這個舞臺。但在成長的歷程中，我測試過體能的極限，也探求過潛藏的天賦，這才慢慢發現，自己可以是專注熱情的觀眾，卻無法成爲出色的運動員。原來人生於世，都懷抱著不同的使命，去展拓專屬自己的舞臺，對我而言，數字排列與推演定理，才是待我勤墾的園地。

舞臺神聖而充滿榮寵，但另一方面，它也是殘酷而無情的戰場。想要傲立其上，便須擁有恆長的毅力；想要受人矚目，更要具備難得的能力。我們都應珍愛自己腳下的舞臺，不嘩眾，不取巧，燃燒在舞臺表現的每一分秒。（380字）

02 題目若有明顯主題，行文應緊扣之

可參看 CH1〈04 未扣緊題意(一)〉。

原文

題目／停雲　段落／全　學校／新莊高中　作者／方靜緯

天際中的雲，由不同的角度、心態去觀看、觀賞，它皆有不同的風情，而人亦有不同的思緒，也或許是思鄉、情思等等，但不管是何者，都使你引起思念之緒。

高一的暑假，我參加了美國遊學營，寄宿在陌生的家庭中，任何事情皆須獨立完成，無人可以依靠。有一次，因爲與寄宿家庭的媽媽溝通不良，而產生了誤會，我獨自一人坐在窗戶旁，仰望天空的浮雲，邊哭邊想：爲什麼我要一個人來到這陌生的國度，待在媽媽的懷抱中，不是更安全、凡是有人幫你照應，即使天塌下來亦有人替你擋著？但我換個角度思考，我來到這裡，爲的不就是學習獨立，以及處理事情的能力，所以我努力調整自我的情緒，面對一切的挑戰。

即使是如此，在美國的那段日子，我依舊時常凝望天空，思念故鄉，想著媽媽的拿手菜，口水也忍不住滴落下來。也會想著與朋友一同歡笑、悲傷的日子。在美國，一個朋友都沒有，人生地不熟的；在臺灣，我有一群生死與共的知心好友，能群聚聊心事。但在美國，我學習到我所缺乏的能力，以及國內外教育制度。即使我

回到臺灣，當我凝望天際中的雲，我依然會想起思鄉的心情，永存心中不可抹滅。

人生中都會擁有停雲的思念，當你看見了天際中的雲朵，心中便激起一種悸動，只要再見一次，那種感覺便又回來了。停雲能使人浮出許多的想念，永垂不朽。（523字）

解釋

1. 文題重點爲「雲」，但中間敘事，卻沒有強化雲的存在感。詳見改寫的紅色文句處。
2. 從頭至尾，一直以詞句重複著「思鄉」。好的文章，應要意在言外，在敘事中烘托此感。

改寫

天空雲霓行止，各有其趣，遠颺的是飄泊，摹形的是想像，凝定的是眷戀。但那年，當異國的雲影映現眼瞳時，我心底卻看見了臺灣的島廓。

高一暑假，爲了開廣視野，我獨至美國遊學，寄宿爲客，除了語言難通，文化思想上的差距，也讓我顯得孤絕。我常常憩坐窗邊，遙看天際，總想像著那些浮雲受母親付託，自臺灣漂洋過海而來，穿越森林山谷河流城市，殷勤探看我的跡影，彷彿這是我與故鄉唯一的牽繫。然後，便流下淚來。

但轉念一想，離開父母的懷抱，開展一段獨立的旅程，不就是爲了要重新鍾鍊自己的生命？登高凌頂，如同一朵雲的姿態，拋棄狹隘的島民情結，擁有深廣的島

瞰格局。

我要求自己，盡可能地學習一切，像是語言和生活、樂觀與自信，應該像雲一樣，有著千變萬化的彈性。我也與異國友人締結情誼，暢談未來志向，像朵翩然而至的雲，投影在他們的波心。逐漸，雲朵與鄉愁不再那麼密不可分，我開始欣羡它的一切，因爲擁有成雲化霧的能量，故而有了四方遨遊的自由，神靈一樣的高度。

後來，沿著雲徑回到臺灣，我用不同以往的角度，來看待自己的一切。我不再愛鬧耍賴，寄宿自立的生活使我成長；也不再與父母衝突，離家後我才明白，他們給予的愛有多麼豐厚；我重視課業，謹慎規劃著未來的人生，那是以前得過且過的我，不曾思及的轉變。

現在，當我疲累休憩時，仰頭看雲，總會想起那年的異國留學，在鄉愁與孤寂的燒融下，淬煉出一個嶄新的生命。（573字）

03 文章意涵要正面積極

原文

題目／專注的力量　段落／全

學校／新莊高中　作者／侯昱全

當一個人很認眞、全心全意地在做某件事的時候，通常都會有事半功倍的效果，相反地，如果在做事的時候心不在焉，那就要小心會事倍功半了。

我們很專注的時候，常常會忘記去做原本該做的事，廢寢忘食就是一個很好的例子，形容一個人讀書讀到忘記吃飯和睡覺。當我們專注在做事時，有可能是因爲實在沒有其他事可做，所以迫不得已只好做這件事，然後就沉溺於這件事的世界裡了。但專注不一定是好的，如過專注於不好的事物上，那將會導致很糟糕的下場，像專注在打電腦遊戲上，也有可能會「廢寢忘食」，甚至還會暴斃。

不管是在哪方面，專注，無法否定的一定是非常有幫助的，但若是專注過頭了有可能去傷害了別人或自己，所以專注要適可而止。（293字）

解釋

1. 題目〈專注的力量〉，由「力量」一詞可知，我們應針對專注的「好處」來下筆，但此篇卻多以負面方式來敘述。
2. 篇幅過少，中段語焉不詳。

改寫

所有焦點都置於眼前的事物，其他不必要的感官都瞬間失靈，投入所有專心，投入所有注意，這便是專注。專注使人更加仔細；專注使人避免失誤；專注將人帶領到另一種境界。

無論是我漫步於文字的阡陌中，或是揮毫繪出心中的圖樣時，抑或是純粹完成被賦予責任的作業時，都沒有任何嘈雜紛擾能打擾，沒有任何外界干預能阻撓，旁人怎麼樣也喚不回我的答應。在專注的世界裡，翻頁的摩擦聲也好，筆尖彎曲的線條也罷，我只能感受到手上的物件，其餘的都只是虛無，甚至時間也無法占有一席之地。即使專注，在過程中仍能享受其中的樂趣，在字詞的田野中，除了跟著敘述的田埂走，還是能感受如春風襲人般的舒暢愜意。

專注使我不被打擾，隔絕四周的一切聲響，只有眼是銳利的，手是靈敏的。投注高密度的精力，排除一切不必要的障礙，使我手上的工作順利進行，甚至更加完善。當紙上的人物開始有了雛形，風景開始有了樣貌，每一劃、每一點都格外謹慎小心，更不要說要加上色彩的情形了。正因爲是專注的謹小慎微，使得它們更加活

靈活現，使我的作品避免差錯。

或許常常在專注中遺忘時間的流逝，或許總是滿腔熱血的栽進工作中，使自己事後勞累不堪，但是專注將我注入一股活水、一股力量，使我能夠充分發揮潛能，不僅將工作完事交差，更從中汲取了無價的經驗。（楊心妤）（532字）

04 意涵延伸要多元

可參看CHI〈16取材單一，未能完整釋題(一)〉。

原文

題目／屬於我的成長與蛻變　段落／第三段

學校／新莊高中　作者／莊鎬璟

「我是一個不孝順、不懂事的孩子。」這樣的想法，充滿了當時自責的我的腦海。不過我並沒有被愧疚的黑暗所吞噬，經過一段時間的沉澱之後，我用認眞、積極的態度，來面對一切事物；尤其是在課業上，主動地學習，專注地讀書，做一個不讓爸媽擔心的小孩，以彌補過去所犯下的錯誤。（128字）

解釋

1. 一個人的成長與蛻變，應有許多種，比如「性格的轉變」、「人生觀的不同」、「做事方法的精進」等，若分別置入文章中的第二、三、四段，便更能詮釋〈屬於我的成長與蛻變〉。改寫處，選擇「性格的轉變」敘寫。
2. 作者使用了最淺薄的「課業、讀書」來作爲本文的唯一素材，並無成長的自省，自我的對話，難獲高分。

改寫

因爲幼時父母的寵溺，初上國中的我顯得任性且自負，以爲自己便是世界的中心，每個人都該遷就我的想法和作爲。朋友的離去，我斥其畏縮無用；老師的提點，我當作眼界狹隘；直到父母因著我的忤逆，而頹靡悲泣，我才願正視自己的瑕疵。覺醒後的彌補，已無法挽回他人對我的偏見，但至少已不讓父母對我淚垂。直至踏入高中，才認眞地與他人建立善緣。（159字）

05 主題晚出，且推翻前論

原文

題目／最美麗的聲音　段落／全　學校／新莊高中　作者／陳建霖

一陣風自海上而來，激起一朵朵綻放的雪花，以及那透澈的浪潮聲；掠過沙岸，揚起一陣沙塵，微毫的沙粒擊打著森木巨石，鏗鏘有力地擊出清脆紮實的節奏；越過丘陵，竄入崢嶸群峰中，如笛聲般的餘音迴盪於山谷之中，迷惑這片大地。

聆聽世界，從中抒發，這是我每天每日必做之事。就像是聆聽朋友的傾訴一般，可以從其音調語氣的抑揚頓挫感受他的心。不同的是，並不是爲了使對方宣洩，而是擷取那美麗之音帶來的愜意。閉上雙眼，迎耳而來的，是這城市的繁榮：喇叭聲恣意妄爲，引擎聲撼震天地。慢慢地隨夜的推移，風聲徐徐已可聽見，街角巷尾的犬吠聲也幽幽地襲來，好像再過不久，就能聽見大地的心跳聲似的。（至此278字）

但我心目中最美的聲音卻不在深夜之中，而是那心中愛慕之人的輕輕之音。從櫻桃小嘴中，不疾不徐地傳遞出，除了輕柔於耳，更是甜入心中，尤在她簡單平凡的一句慰問之時，更是融化了我心中雜亂不堪的情緒。

最美的聲音，其實並非最好聽。美妙是在於能否使人心中響起共鳴，滿有感動。（407字）

解釋

1. 作者在第三段才點出最美麗的聲音爲「愛慕之人的聲音」，該段卻僅九十四字。相較前兩段所描寫的各式聲音，顯得貧乏。
2. 前兩段描寫世間的各種聲音，也容易讓讀者誤認，這便是你認爲的美麗聲音。應在第二段，就點出自己心目中的「最美麗的聲音」。
3. 結尾之感，不知所云。應改爲：聲音之美，並非取決於它的圓潤悅耳，而是能否勾引人們心底的共鳴，感動滿溢。

改寫

有人耽戀狂風呼嘯的颯颯，有人著迷山溪流動的潺潺，因爲每一個聲音都有它的故事與情韻，才能勾引出人們心中的無限遐思。我自然也偏愛某個聲音，在這段時日以來，魂繫夢牽。

那是類似於河洲淑女，或是蒹葭伊人的聲音，因爲傾心，所以美麗。當我們將滿腹情思交託給對方時，那一言一語，一顰一笑甚或一聲嘆息，忽然有了意義。

記得初次聆聽到這輕如貓步的聲音，約莫是在初上高中的冬夜，結束了自習

後，我們偕伴至站牌候車，不短的旅程中，我們交換了彼此的心情和故事。夜色裡，她的聲音深邃輕緩，甜軟溫柔，有時追問，有時慰撫，像是睡前慣常聆聽的廣播頻道，主持人也是以類似的聲調，來擁抱每隻欲眠的耳。

後來開始交往後，便更常聽見這令人欣悅的聲音。尤當她漾開歡靨，櫻桃暫破，笑聲便如鈴動不休，氣氛爲之鬧熱升騰。或是向我轉述一日生活，聲情更是多變，壓喉扯嗓，演男扮童，更聽出了她聲音裡的純樸玩心。

當然，美麗的聲音也曾有過哀愁，那是當她被朋友誤會的時候。她慣常細細地啜泣，先是一片靜默，極力壓抑心中的難過，而後喉頭嗚咽，低悶短促，最後涕淚灌流鼻腔，時斷時續地抽噎。沒有震耳的嚎啕，也未有忿憤的謾罵，她趴在桌上，下一場無人覺察的小雨。因爲在意的緣故，我總是候在一旁，等待雨停。

我常想，不知還能傾聽這聲音多久？畢竟隨緣聚散，沒人說得準。但不論結局爲何，我始終感謝這段日子，她的聲音曾帶給我豐沛的感動與共鳴。（575字）

06 文章重點是什麼？——重點段落，占全文的比例要適當，以避免偏題

原文

題目／我理想中的教育環境　段落／全　學校／新莊高中　作者／張茵茹

現在的教育環境，突破從前「萬般皆下品，唯有讀書高」傳統的教育觀念，重視適性發展，從前不受重視的技職院校，近來也成爲熱門的選擇。最近所推行的十二年國教，更是主張免試升學；但在這樣的制度下，也引發許多聲浪。（102字）

身爲學生的我，面對這樣的教育體制，我認爲適性發展，可以依照自己的興趣，擇其所好，不一定要念書，擁有一技之長，也能創造出一番天下。即將面對學測的我們，面對龐大的課業，每日往來於補習，也爲了之後的申請去參加許多的比賽、加入志工的行列，其實在從事這些比賽、志工時，我們爲的都是最後那一張獎狀、證書，那些比賽項目可能都不是我們的興趣，做服務時也不是眞心的想爲大眾，這樣就失去其中的意義了。（190字）

如果我來建構一套教育制度，我還是會維持適性發展，但是我不會實施免試入學的制度。考試固然會有很大的壓力，但適可以測試自己學習多少；經過考試的篩選，入學後，大家的程度不相上下，也更能激勵自己往上進步。我也希望能營造快樂的學習環境，不要因爲考試而逼緊自己，也能多有藝能、體育方面，來紓解課業壓力。（145字）

不論我們現在的教育環境如何，我們現在能做的就是努力，不管我們選擇哪一條路，只要我們堅持自己的信念，就能邁向成功的那一端。（60字）（全496字）

解釋

1. 依照題目〈我理想中的教育環境〉，第三段應是重點，卻僅有一百四十五字，較批評臺灣教育的第二段一百九十字，明顯偏少。且在全文四百九十六字中，約占百分之二十。雖未離題，但也不甚切題。
2. 改寫處，我們除刪去第二段，再加以潤飾變成一篇三百九十一字的短文。重讀內容，是不是就切題得多？（全文三百九十一字，重點占全文百分之四十二）
3. 如同一杯檸檬汁，十CC檸檬原汁加上一百CC的水或許滋味甚濃，如果改成一千CC的開水，恐怕就索然無味了。
4. 當我們從模擬考的訓練中得知自己在五十分鐘內能夠書寫多少字數，正式考試中便要提醒自己：隨著時間流逝，題目要你書寫的重點寫到了沒？發揮得夠多嗎？次要材料，是否有過多之虞？

改寫

現今的教育環境，突破傳統「萬般皆下品，唯有讀書高」的教育觀念，重視適性發展，從前不受重視的技職院校，近來也成爲熱門選項。近日推行的十二年國教，更主張免試升學，有教無類；但在這樣的制度下，也引發諸多議論的聲浪。（104字）

若由我建構教育制度，仍會以適性發展爲本，卻不會把免試當作入學方式。考試固然爲學子帶來壓力，卻也是一種督促與檢驗，且經過考試的汰選，同儕之間程度相仿，更能廣收切磋琢磨之效。但考試絕非學習的唯一主軸，藝能、體育、課外活動……都應是課程架構中的重要環節。（122字）

無論現今的教育環境是否有機會更易，身爲學子，唯一能做的，便是努力迎對眼前的挑戰。只要願意堅持學習成長的信念，一定能邁向成功的彼端。（65字）

（全291字）

07 文章重點是什麼？——文章重點所占的篇幅要大

原文

題目／為自己加值　段落／全　學校／新莊高中　作者／李悅慈

「每件事都發生來豐富我的記憶。」這句話是我一位高中導師的座右銘，我想老師所帶給我的省思，便是希望我們每個人對於周遭發生的一切人事物，不論其爲苦爲酸，都能將其化作自己人生的一段經驗，不因摔疼便一蹶不振，不因光榮而得意忘形，日常生活的萬事萬物，便是在爲自己的人生旅程加值。

小學時期的我，常一放學即沉迷於電視節目之中，致使近視度數不斷加深，年幼無知的我對此並不爲意。父母常爲此煩惱不已，千方百計地使盡各種辦法，諸如設定時數限制、藏遙控器等皆有，爲的就是尚在成長發育的孩子健康，而我眼裡卻只有當下的享樂至上，甚至負氣與家人大吵、外宿同學家作爲抗議。

這個情況一直到升上國中，父親爲了給我們更優良的讀書環境，買了新房子，同時毅然決然地取消第四臺頻道，甚至連天線也不安裝。回想這些時日，已然七年

的光景了！如同原始人般的生活至今依舊，雖然當初的我反彈至極，但也正因父親這個偉大的決定，我已養成閱讀報紙的習慣，對於我的思考與學習眞是大有幫助，也讓我漸漸瞭解父母親對孩子的用心良苦，畢竟沒有電視娛樂對已然成年的他們來說，犧牲程度自然不言而喻。

我想我活了十八年的這些歲月，固然發生過很多，然而我想這心境上的轉變，以及我所能遇到這樣爸爸媽媽，確確實實地爲我的生命之旅增添了獨一無二的價值。（532字）

解釋

1. 全文唯一切題之處，僅有紅色文句處的「閱讀書報」，可見原文已完全偏題。整篇文章感覺是一場家庭倫理親情戲。
2. 首段所言，與題目「爲自己加值」完全無關，只著墨在「回憶」。
3. 第二段的瑣碎記事，亦非提及「加值」一事。
4. 第三段前「買房子、取消第四臺」亦是無甚意義的取材。
5. 第四段的結論，難道把爸爸媽媽當成是一種「自己所加值的能力」？
6. 應該把加值的事物，聚焦在「閱讀」。如改寫範文，環繞在：爲何要閱讀、閱讀中的快樂感受。

當我們空無一物地降生於世，便注定要在成長的過程中，不斷學習吸收，爲自己加值。我們習得謙卑，以加值德性；苦練專業，以加值競能；深慮垂思，以加值內涵。父親告訴我，身處於變異疾速的現代，閱讀將是首需加值的能力。

的確，當我親炙閱讀的魔力後，更能瞭解父親話中的涵義。它爲我們構築出一處馳騁想像的世界，心靈不致因遊走於電腦、手機間而貧乏；它要求我們沉潛慢緩，自書頁裡汲求那恆久的知識，提升自己評觀世事的深度；它也迫使我們，正視周遭生活以外的現實，並勇於發聲，直斥權貴的醜惡，捍衛弱勢的生存。

我大量地閱讀，不僅限課堂上的文選。我瀏覽報章，讀取新聞，快速匯集各方意見，訓練自己的思辨能力；我細品小說，藉由別人的故事觸發自己的反省，進而醞釀慈悲與善念；我愛讀詩，讀它的浪漫悠遠；也愛散文，讀它的生命凝思。在閱讀時，我的靈魂不斷與作者或紅塵交流撞擊，看似孤獨的閱讀狀態，其實無比豐盈。閱讀的快樂，不在於被那些譁眾的俗艷文字逗笑，而是提升了自己的境涯，看見自己由輕浮變穩重地成長。

閱讀以一種從容的態度，不浮誇，不厲色，引渡我們到各個領域發展。加值了閱讀能力，便如勇虎添上了翅翼，受用一生。（482字）

08 文章重點是什麼？——重點要寫得細膩，短話長說

原文

題目／最好的時光　段落／全　學校／新莊高中　作者／黃悅慈

還記得那片草地，還記得在那片草地上玩耍的時光。那段回憶就只停童年記憶裡了……

小時候總愛拖著爸爸到家裡前面的草地上，拿著風箏，吵著要爸爸讓它翱翔在天際。爸爸一手拉著我，一手拉著風箏，就這樣往草地的那一端跑去。當我回頭時，風箏早已在天空中展翅飛翔。那時候，每天重複同樣的事，不覺得無聊，反而覺得好玩極了！直到某天，草地的外圍都圍起了鐵皮……

原來那邊已經準備好要蓋房子了，爸爸告訴我這消息。傷心的我跑到房間偷偷地往下看，草地不再是草地了，它早已變成光禿禿一片了。聽著那鑽土機殘忍的鑽土聲，我想土地是在做無謂的抵抗吧！我不瞭解，難道土地一定得蓋房子才有價值嗎？沒有任何和土地的情感嗎？那些不具有意義嗎？

長大了，那土地上的房子也住了人了。現在不比以前，和爸爸相處在以前很簡

單，現在卻變成因爲不曉得有什麼共同話題，所以話也漸漸少了。那段和草地的記憶也模糊了，歲月果然是最無情的東西。但那時光所擁有的快樂卻是無法抹滅的，單純也簡單。也許有更多時光比那時快樂，但那份快樂、那份幸福無可取代，所以它是最好的時光。（444字）

解釋

1. 描述最好的時光的部分退居配角，篇幅不長，描寫不細。
2. 原文有四百四十四字，重點應爲第二段的放風箏，作者卻只說：「爸爸一手拉著我，一手拉著風箏，就這樣往草地的那一端跑去。當我回頭時，風箏早已在天空中展翅飛翔。」
3. 原文第二段應擴增，三、四段應縮減。

改寫：（原文第二段）

小時候，常央著父親伴我到住家對面的草地上，要他把我最愛的蝴蝶風箏，拉揚到天際。父親便拾起風箏，快速地奔跑，我也歡快地跟在後頭又叫又跳。有時父親止住腳步，扯動著掌心的那團線，慢慢放長，氣流將風箏漸漸騰舉，比路樹還要高遠，箏翼翩翩，與行雲共翔，那可是每一個孩子最嚮往的畫面呀，我仰頭眺看，脖子都痠了。慈父手中線，珍重地將它交託在我手，換我一個燦笑的臉龐。那段草地上飛奔的日子，至今難忘，或許是因爲這樣單純的陪伴與快樂，已不可得。（210字）

09 先負後正，先抑後揚較符題意

原文

題目／焦慮　段落／全　學校／新莊高中　作者／吳庭佑

焦慮易使人如熱鍋上的螞蟻，一刻也無法靜下心來；焦慮在腦中如層層巨石擋道，使人無法思考，理清頭緒。焦慮表面上來看，是人人厭惡的情緒，但它眞是一無是處，只會阻卻我們成事的東西嗎？

我認爲焦慮有時能助人提早有所準備。面對即將到來的考試，自己卻尚未就緒；有個重要的約會，自己卻尚未梳妝打扮。當意識到危機時，此時的焦慮可充當助手：思量考試所需物品，或者臨陣磨槍，總比毫無在意，直到當天才有所知覺，這及時的準備可以有不同的結果；同樣，能夠稍作梳理裝扮後赴重要約會，可勝過一頭亂髮。事前焦慮所做的補救，有更佳的結果。

我認爲焦慮有時反而壞事，讓事情更糟。一份即將到截止日期的報告，面對可能遲交的焦慮，以及仍有大半面的空白，焦慮不斷告訴你遲交的下場，並故意擾亂腦中的思緒，眼神呆滯，手足無措，此時浮現腦海的想法，是隨意將內容塞滿報告，敷衍行事。焦慮下行事的結果，不僅無助於事，反而使自己陷入更多的麻煩。

焦慮有益也有損，在不同情況下的作用不同。但是，能否善用焦慮與人的個性也有關，若我們能夠善用它，與它好好共處，將能使我們發揮出更多潛能，成功於各項事情上。（467字）

解釋

題目〈焦慮〉，大抵而言，是種負面情緒。應先由此入文，再「轉」寫它的正面價值。

改寫

焦慮在心裡如層層波瀾，洶湧拍岸，使人無法靜心；焦慮在腦中如磊磊巨石，堆疊阻路，使人無法思考。焦慮時常壞事，讓人進退維谷，不知何所去從。

一句無法說出的祝福，一列未及趕赴的列車，一場遲誤失約的聚會，總讓我心浮氣躁，思緒萬端，汗水不斷滲流，埋怨自己的無能，時間的無情。龐鉅的焦慮不停警告我最終的下場，可能受人唾棄，萬劫不復。某次報告即將截止繳交，我面對大半的空白，手足無措，焦慮迫使我只想將內容塞滿報告，敷衍行事，最後不但於事無補，反使老師發怒，指責我的散漫。

屢遭受焦慮所擾的我，本以爲焦慮人人厭惡，一無是處，只會阻卻我們成事，隨著年紀漸長，卻有另一番體悟。

若行事沉穩，不被焦慮左右行動與思緒，它或許是股促使你突破安逸的動力。

像是面對即將到來的考試，焦慮讓我善用零碎時間勤讀，並提前備妥應考用具，因為臨深履薄的謹慎，讓我強化了自己的實力，然後焦慮漸消，信心遽增。

焦慮損益兼具，端視每個人的個性與心態，而決定它的力量是毀滅或滋養。成功的人，總能化崎嶇為坦途，轉苦厄作天堂。（429字）

10 文章結構要井然有序

原文

題目／舞臺　段落／全　學校／新莊高中　作者／紀景云

舞臺，是一個令人嚮往卻又殘酷的地方。有的人渴望踏上舞臺，尋得一個出名的機會。可卻有許多人，因上錯了舞臺，受到了謾罵，從此一蹶不振。

頂著哈佛大學的光環，林書豪踏進了NBA，但高學歷並未替他引來鎂光燈的聚焦，礙於美國殘存至今的種族歧視，身爲亞洲人的他，籃球之路並不順遂。雖然曾經有過幾次的挫折，無情地襲向林書豪，幾度差點令他萌生退意，但他仍然辛勤練習，把握了每次上場的機會，最終在球場上嶄露頭角。只因他不放棄這個舞臺，並爲了上臺付出常人不及的努力，打出了自己的名號。藝人蕭敬騰在偶然的機緣下進了演藝圈，從原來不爲人知的素人，到現在大紅大紫的歌手，他用歌聲擄獲了聽者的耳朵，他用歌聲唱出了自己的舞臺。

項羽年輕時叱吒風雲，原本該屬於他的舞臺，卻因踏錯了鴻門宴這一步，而拱手將稱霸中原的舞臺讓與劉邦，一顆閃耀的巨星就此殞落。宋代王安石憑著救國救民的理想推行新法，卻因急功而忽視人事問題，被保守黨鬥出了政治舞臺。

唯有做足了準備，並且把握屬於自己的舞臺，才能在這弱肉強食的世界，站穩自己的一席之地，並且大放異彩。（446字）

解釋

1. 首段點出兩個舞臺的正反特色，第二段寫正例，第三段寫反例。不如將之改爲：首段寫舞臺的意涵，第二段寫舞臺的正面特色＋正例，第三段寫舞臺的反面特色＋反例。
2. 這樣，較能使文章有層次感，且二、三段的段意銜接才能流暢，不會造成文章中段，連續舉了四例的平淡敘述。
3. 原文另有深度不足的弊病。對舞臺的意涵，只說：「有的人渴望踏上舞臺，尋得一個出名的機會。」爲何不說：「爲了踏上舞臺，尋得出名的機會，他們交換了自己的努力。」
4. 第二段兩個引例，篇幅相差過大。

改寫

舞臺，目光於此匯集，掌聲爲之鳴響。初次登臺，以爲鶴立雞群，脫穎而出；踞臺日久，方知高處不勝寒，一代新人換舊人。舞臺，便是一個令人嚮往卻又殘酷的地方。（寫舞臺意涵）

爲了踏上舞臺，尋得出名的機會，他們交換了自己的努力。林書豪以哈佛精英之姿跨入美國籃壇，或因亞裔身分，或因體形條件，發展並不順遂，但縱橫籃球舞

臺的夢想支撐著他，持續琢磨球技，等候躍身上籃的機會。蕭敬騰原是叛逆少年，無意上進，接觸音樂後開始轉換心性，靜心沉潛酒吧駐唱，歌喉已錘鍊成金，待得節目表演一鳴驚人，即刻擄獲了聽者的耳朵。由此可見，舞臺並非一夕築成，而是表演者傾注一生堆疊出來的燦爛。（寫舞臺正面特色與正例）

可卻有許多人，因爲舞臺上的表演，荒腔走板，受人唾棄，從此一蹶不振。力拔山兮的項羽，因爲暴躁的情性與寡斷的糊塗，優劣逆轉，將中原舞臺拱手讓與劉邦，最終殞送性命。擇善固執的王安石，滿懷經世濟民之理想，推動新法，卻因急功心切敗於人和，被人鬥出了政治舞臺。（寫舞臺反面特色與反例）

我想，唯有做足了準備，並且把握每一個演出機會，才能在這弱肉強食的舞臺上，站穩自己的一席之地，並且大放異彩。（442字）

11 文章安排盡量有伏筆、有呼應

可看出CH3〈07前後呼應使文章結構更佳〉。

原文

題目／偷閒　段落／第二、五段　學校／新莊高中　作者／周家賢

現在的我，像一條彈簧，每過一天，就被壓得更緊一些。題目寫過一頁又一頁，文章讀過一篇又一篇，但看著未完成的作業，仍堆積如山，似乎正諷刺著我過去幾小時的努力，但該完成的還是得完成，也只能拿起筆，繼續和一行行的文字奮戰。（107字）

在令人窒息的壓力中，找個空隙，適時地放鬆自己，偷得浮生半日閒。在枯燥乏味的生活中，也能有屬於自己的閒情逸致。（54字）

解釋

伏筆與呼應，可以讓文章結構更緊密，也才能告訴讀者你獨運的匠心。

改寫

現在的我，如同一條彈簧，日子越近大考，就被壓得更緊一些。向題目宣戰，和數字鬥智，與文章交流，我不斷處理爬梳過往的教材，試圖將它完整無缺地塞入腦中。但桌旁仍堆積如山的作業，似乎正嘲弄著我頑強的抵抗。事已至此，我僅能拿起筆，繼續與書冊奮戰。（119字）

在令人窒息的壓力中，偷得浮生半日閒，尋得讓自己可以舒展呼吸的空隙。猶如鬆解壓縮的彈簧，既免於疲乏的危機，也有了飛翔高越的可能。就像沉寂可以彰顯嘹亮，蹲下是爲了躍升，在枯燥乏味的生活中，擁有片刻的閒情逸致，反而更能累積突破的能量。（114字）

12 不要以條列式寫作

原文

題目／我與別人大不同　段落／第二段、第三段　學校／新莊高中　作者／蔡欣庭

第一，我認為自己最特別的是思想。對於很多事情我總是有不同的見解，在別人眼裡是詭異的、是不合邏輯的。常常我都會半開玩笑地說：「我是現代愛因斯坦。」並提出一個疑惑：如果這宇宙間沒有第二個地球，那麼我們的世界末日，對廣闊無際的宇宙而言不就像冰山一角一般只是一個小小的星球消失而已嗎？那為何人類要害怕呢？每當我提出這在我心中已久的疑惑時，旁人總是無法瞭解，最後就當成是一個荒謬的問題帶過。

第二，有別於別人的特質是我會堅持自己的夢想不輕易使它遠離我。這特質也許有很多人都有，但我認為我之所以特別是因為我很努力地不讓它遠離我，而別人是讓自己努力地去追尋它。從小我希望我能當個天文學家，長大以後才發現這並不容易，高中物理碰到天文觀念就令我眼花。但我並沒有因此被擊退，還是一樣地堅持夢想，卻沒有能力去靠近、去追夢，一樣地讓它保持在我心目中最崇敬的地位。

（363字）

解釋

1. 條例式寫作，除了題目有要求，另外就是演講稿、說明書、申論題才會出現的格式。一般寫作長文是絕對禁止出現的，它會讓文氣無法連貫一致，有種割裂的情形。
2. 另原文還有標點不清、語意未明的狀況。
3. 將「第一」、「第二」刪去，絲毫不妨礙原意。

13 回憶式敘事，多用鏡框式寫法

原文

題目／最好的時光　段落／全　學校／新莊高中　作者／張師維

看著車窗一望無際的農田，我內心再也忍不住對阿公思念之心，希望這火車能開快一點，好讓我能早一些見到阿公。

獨自走著通往阿公家的農田小路，這兒的風光一點也沒變，用力地深呼吸一口氣，我彷彿將城市的喧鬧拋於身後，準備回到樸實安靜的鄉村生活。一回到家門口我便大喊：「阿公，我回來了。」木門緩慢地被拉開，阿公用非常健朗的聲音回答我，並且給我一個大大的擁抱表示思念。我們公孫倆相約到河邊釣魚，也欣賞東海岸碧藍的海洋美景。

三天兩夜很快地就過去了，我十分不捨地踏上返家的路程，當下的我熱淚劃過臉頰，一雙粗糙的手將我的淚擦乾，並且約定之後有空還要來到鄉下探望阿公。這樣喜悅的心情撐不到一個月，阿公的癌症復發，並且去世了，我的心頓時如刀割般悲痛不已，我生命中如此重要的人就這麼離我而去，天人永隔的距離，讓我一回憶起那時美好的時光，淚水總會不爭氣地滴了下來。

每當來到阿公的牌位前祭拜，我和阿公他的所有回憶總充滿我的腦海，有如幻燈片般不停更換映在上面。這些時光想必應是我人生中最美好的，不是因爲它是最好，而是因爲它不可得了所以最美好，最讓我眷念。（489字）

解釋

1. 原文首段直接切入主要敘事，導致首段沒有烘托氣氛的效果。
2. 回憶式的敘事，可採用鏡框式（現在＋過去＋現在）的寫法，讓篇章的時序更有變化。
3. 中間敘述似流水帳，直接淺薄。與阿公相約到河邊、看海之事，屬爺孫倆的互動，理應占極大篇幅，此處卻以兩句話潦草帶過。
4. 敘述離別的眼淚、阿公的猝逝，筆調都顯得濫情不眞實。

改寫

每每坐上列車，在碧青的農田間奔馳的時候，時空瞬移，我彷彿回到那年的幸福時光，似乎抵站出閘後，便能重返阿公的懷抱。

阿公家住臺東，世代務農，固守著一畝稻田，與土地同生共息。阿爸自年輕便移居高雄讀書工作，唯有在長假時，才有餘裕帶我們返鄉。阿公總會牽著我的手，用腳印去指認故鄉的一切。或許是血脈植根於此，我對這裡的海天草木，並不陌生。

阿公土角厝的不遠處，有一條淺淺的河流，水聲錚鏦有韻，在眾多孫兒裡，阿公與我最常於此釣魚，他總說我沉得住氣又機敏，想要讓魚上鉤，兩者缺一不可。等待的過程，就是阿公的講古時間，他最愛聊起阿爸淘氣頑皮的往事，好像不管長得多大，永遠是心中疼愛的娃兒。

有時釣完魚，我們會沿著河道來到海邊，坐在沙灘上，靜觀波瀾的多姿與壯闊。看著夕陽沉墜，阿公總會拍著我的手說：「有閒就返來看這海，比你們高雄的水，擱卡乾淨。」我知道不是要我回來看海，而是探望已是垂暮的他。驀地，我心裡湧起一陣酸楚，海永遠都在那邊洶湧，人卻未必如此。但我卻什麼也不敢說。那次返家前，我格外注意阿公的眼神，依戀不捨地盯著我與阿爸瞧，囑咐我們路上小心。

數月後，我們接到急電返鄉探病，才知阿公健檢時，發現體內的癌症；隔年，我們重回臺東，即是奔阿公的喪；今年過年，只剩阿嬤招呼我們，我卸下行李，便走至溪岸與海邊，溫習阿公生前的伴行的路線，海風刮得蠻橫，臉頰發寒生疼。轉瞬，夕日已沉。

年夜飯開動前，全家人立在牌位前，奠告阿公：家中上下，諸事平安。在香煙繚繞中，我彷彿看見過往與阿公爲伴的畫面，幻映在上頭。那是我最好的時光，卻已不可得。席間，叔叔說，他決定遷住臺東，照顧阿嬤，也接下阿公念茲在茲的那片秧田。每年暑假，我們依舊會回返臺東，阿公的田地，青綠如昔，在風吹穗擺之際，我喜歡走入田埂，任憑穗葉撫弄我的身軀，彷彿阿公拍著我的頭說：「回來看我了呀！」（751字）

14 文章裡，自己的生命經驗不可語焉不詳

可參看 CH2〈17 首段要不要有我？〉。

原文

題目／捨得　段落／全　學校／新莊高中　作者／林承毅

我相信上帝是公平的，當祂讓你關上一扇門，必定會爲你開一道窗並打入燦爛的陽光，告訴你別執著了，還有別條路。

人生，其實也不過是許多「痴」所堆疊成的故事罷了，如果什麼都捨不得放，那就會變得單調而乏味；反之，如果只捨得去追一件事，亦然。是的，也許我們都只是不捨得放下各種痴念：痴痴等候著情人回頭、痴痴守著自己的夢想。痴不代表沒結果，只代表你會花許多時間和心靈；不捨只是讓心更加易碎而一點一滴地剝落。所以遇到死巷子時，請別捨不得這條路，因爲你駐立在死巷前到長滿蜘蛛網它都不通！

當一個人能捨得做一些對自己有意義的事，那會是件十分美妙的事呢：陳樹菊小姐就因爲捨得施捨而成爲最具影響力的人之一；愛迪生因爲捨得放下不必要的材料，而找到鎢絲能使電燈亮起世界的事實。由此，我知道了捨得的重要。以前的我不捨得時間流轉的變化，所以一直沉溺在過去中泥足而不前；現在，我捨得了，看

開了一切，接受了變化，瞭解變化中微妙的感動，也得到了更多的知識與過去不曾有的心懷。

人生一夢，白雲蒼狗，是是非非，對對錯錯，終不過日月無聲，水過無痕，所以別再捨不得了，人生就這樣，捨得放下，捨得出力去追，才會看見只屬於自己的那一片風景。（493字）

解釋

1. 文章中，自己的例子與感想，一定要占有足夠份量（半段或一段），才有獨特性，才不致讓文章空洞。否則，作者任掛他名，似乎也沒多大差別。
2. 唯有第三段紅色文句處，稍微「有我」，但卻也潦草帶過。根本不知作者所言爲何？

改寫：（原文第三段）

當一個人瞭解捨得的眞諦，這才找到生命的意義。陳樹菊棄捨對金錢的執著，換得臺灣人的感佩；愛迪生棄捨實驗失敗的結果，換得電燈燃亮的成功。從前的我，勘不破萬事終逝的必然，悲秋傷春，沉湎於飛揚跋扈的往昔。那時年紀尚輕，便奪下琴賽的冠軍，如雷的掌聲，遮塞我的雙耳，心也被浮誇的讚賞給弄濁了，自認已站上顛峰，不再刻苦深研琴藝。半年後，便在另一場賽事敗北。恩師趁機點醒我，要我回頭沉潛，拋捨自傲，忘卻成就。他說：「唯有放空自己，才能重斟甘味。」我點點頭，好像有些聽懂了。（227字）

15 沒有具體點出事實背景，顯得虛浮

原文

題目／最好的時光　段落／全

學校／新莊高中　作者／黃乙峻

群山環繞、縈青繚白，天際與湖水合爲一線，遠方的霧氣恰似層面紗，仕女彷彿隨時會探出頭，給旅客一種神祕。

在飯店的泳池中，向外眺望便是日月潭明媚的風光，偶一小艇快速掠過，湖面揚起一陣漣漪，猶如女孩的小酒窩，深邃甜美；浸泡在池中的我，想像自己身處群山的懷抱中，身旁的水，是湖水浸淫著我，游過兩山谷間，兩岸猿聲啼不住，輕舟已過萬重山。在前頭的目的地，是曠野靜謐的桃花源。冷冽的山風吹斷了我與想像的時光，當我坐上池畔，那興味已漸失濃烈。

我喜愛想像那無遠弗屆的廣闊，與天馬行空的交織，它讓我暫時逃離繁重的壓力，與現實生活的生硬，進入一個柔美、粉色系的世界。陶醉於此，便忘卻了世俗惱煩的憂思，只顧暢遊所欣喜的境界；陶潛與我也有相似之處，桃花源便出自他的杜撰，在紛亂的六朝中，使自己有了值得寄託的歸宿，或許入世的人評論我們虛渺、荒蕪、懦弱，但此不失一種放鬆之法。蒲松齡於不得志時，也耽溺於想像故事

的情節，與具人性的鬼怪成爲忘機友，而不願承受眞實人性的險惡，我想，想像是我最美好的時光。

「行至水窮處，坐看雲起時。」在停雲之時，能臆測想像雲卷的變化。想像，是我的時光，期待你也能沉溺在你獨特的那一段，時光。（492字）

解釋

1. 何時去？爲何事而去？若能寫出，才是踏實的描述。
2. 第一段是在泳池所見之畫面嗎？若是，兩段間應做好銜接。第二段的馳騁想像，也應適時穿插泡澡的具體敘事。
3. 若全文定義爲「想像是最好的時光」，似乎浪費了明潭美景。改寫時，偏重爲「徜徉自然山水是最好的時光，它讓我不再被科技纏身」。
4. 原文的文句典雅，若能修正上述缺點更佳。

改寫

群山環繞、縈青繚白，天際與湖水合爲一線，遠方的霧氣恰似面紗，有種類似楚辭的神祕縹緲。我在飯店的泳池裡，遊賞著日月潭的明媚風光。

那年清明連假，父親爲了犒賞母親的辛勞，特意訂下了臨靠湖濱的飯店。耽溺電腦遊戲的我，原不願隨行，直到浸浴在泳池，見到了詩畫般的美景後，才停止了

我的抱怨。

綠蔭掩映，投影在泳池上頭，水面忽然有了類同明潭的色澤。我的手撥弄著池水，油彩似的綠漪便輕輕盪漾開來。闔上雙眼，我想像自己漂浮在無垠的潭水間，如葉如絮，微微地晃擺，幽谷間傳來隱約空靈的鳥鳴，襯著山影，不免有種與世隔絕的氛圍。

稍晚，日陽暫歇，潭面的霧氣開始肆狂，不斷往岸上蔓延過來。飯店的輪廓逐漸被包覆，山巒也在虛無縹緲間。城市的繁華，科技的速變，不再寄生、綁縛住我，豁然開朗，天地一寬，我彷彿走入了桃花源，重新知覺生活的意義，應該是自己與周遭萬物，能和諧地互動著。

那段棲於自然天籟間的生活，是我生命中最好的時光。讓我得以馳騁想像，暫時逃離繁重的壓力，與現實生活的生硬。陶潛藉桃源，遠避六朝之紛擾；蒲生友鬼物，厭棄人心之詭譎。重返城市後，我彷彿重獲新生，推開鍵盤，開始品察生活的瞬間悸動。（478字）

16 通篇以論述的方式寫作，枯燥而生硬

原文

題目／一步一腳印　段落／全　學校／新莊高中　作者／方靜緯

做任何事情，都要先穩固底基，踏實地去做，因爲不論你是否成功或失敗，你都不會對不起自己。況且一步一腳，是做每一件事的起點，好的開始，就是成功的一半，成功是需要靠自己的努力去爭取的。

就像學英文，英文要讀得好，並非一件容易的事，要先學會英文字母、音標、發音、文法……等等。我覺得發音是所有裡面最重要的，學了就是要會講，但講了也是要讓人聽得懂，所以發音一定要標準，因此從基礎開始練，才能夠確保它的準確性。當然你從小學英文學到大仍學不好，一定是有某些環節的底子打不好，所以一定要踏踏實實，一步一腳印地做好每一步。

一個人的教養，也非一時所能養成，是需要父母的教導，以及師長們天天的訓導，使我們一步步走向和成爲有教養的人，畢竟並非每一個人都能擁有會訓誡自己的人。每一個人走過的童年也不同，所遭遇的事也不同，理所當然教養也不同，但不管是哪一種，也都是靠一個人慢慢培養而成，若非自己，即使別人用逼的，你也

永遠不會改變。

要一步一腳印地做好每一件事，也需要有過人毅力，畢竟這是需要堅持一段時間的，如果半途而廢，之前所做的努力也都將付之一炬，但一步一腳印仍是邁向成功道路中最重要的一步。（481字）

解釋

1. 學生見識不多，若要論述，恐淪於淺薄。
2. 讀者愛聽故事，若只說道理，恐顯得生硬。
3. 且寫作文章，本就要透過生活的種種事件，表達自己的思想與體悟。
4. 在論述中，應加入他例來佐證，加入己例來引帶個人感觸。藉此中和純論述的生硬。
5. 本文除了口語化，還有敘事冗贅、字詞重出的問題。更可印證多數學生無法舉出縝密的論述，只能反覆就同一句話延伸發揮。

改寫

合抱之木，生於毫末；九層之臺，起於累土；千里之行，始於足下。我們憑藉著穩定的步伐，才來到青春。這樣恆長的累積，除了要有過人的毅力，也需兼具踏實的心性。一個偉大的夢想家，必定也是個積極的實踐家。

幼時，就讀高中的兄長負責接待一名外籍生，因此常來家裡頻繁走動，我看見

大哥透過另一種語言符號，得以與另一文化族群互動交流，視野得以開展如天闊。自此，英文成爲我學習的重要歸趨。我開始勤背單字，央求兄姊指導我音標的認讀，啓蒙之後，我的外語能力開始有了驚人的進步，連母親都不禁訝嘆。

雖然我緊握夢想的轡繩，但前進的過程，仍是充滿險隘。因爲家中沒有太多的資源，國中爲了習練口語，只能透過網路的影集模仿，但因爲口齒不甚清晰，始終帶有濃厚的臺灣口音。那時，我極爲懊惱，將原因歸咎於我的出身，自暴自棄。直至看了電影《王者之聲》，原本口吃的國王，經過不斷的練習，終於能暢述己意，我才知道，邁向夢想的路上，只有藉口，沒有阻礙。我轉向當時的英文老師尋求協助，她憑藉著語言學的專業，慢慢矯正了我的發音習慣。

語文的鑽研，日久則深，到了高中，我的表現已遠遠超出同儕甚多，這些年我一面演練著英文，也一面儲存遊學的旅費，期盼在高二暑假，親炙國外的外語環境。回首來時路，慶幸自己沒有半途而廢，依然秉持初衷，熱情自信地跨出步伐。我相信，青春的夢想，是未來的眞實投影，只要你一步一步，勤懇地實踐這一趟旅途。（577字）

17 通篇都是敘述，恐流於單調而淺薄

原文(一)

題目／形象　段落／全　學校／新莊高中　作者／郭永昱

有一項研究認爲，對於一個人的印象在三日內便塑成。然而對於他人的形象時常使我們預設了立場，彷彿我們是位導演，而對方是個不清楚狀況的演員，經常做出於稿本外的插曲令人訝異。

她是位坐於我斜方的女孩，一臉嚴肅、不苟言笑，有著古銅色的肌膚，似乎是個陽光的追逐者；一頭褐金，帶些褪色的髮，使我想像她自憐地撫著髮絲的模樣。在數次接觸下，她果眞如我爲她預設的模型般，每一次的深入都湊上了一個零件。在幹部選拔中，她端莊負責的形象爲她攬得班長一職，摩頂放踵的她竭力地爲我們擷取重要資訊，妥善安排班級事務，也偶爾嚴肅地勸告我們的不對。她熱愛籃球，正當烈日直曬，我們皆與她捉迷藏時，她卻穿著陽光，載著汗水在框下一球續一球地練習。

一切都如她所散發的氣息一致，然而，在那日過後，她卻出人意料地推翻我的觀念。雨急劇地落下，在我們返家路上巧遇了一隻瘦骨嶙峋的幼犬，正當我瞥向

她，她早已褪去身上的夾克，溫柔地覆在牠身軀，這時的她宛如滿懷母愛的母親照料著小孩，在眉宇間的嚴肅、銳利盡去，平日豪邁不拘的她搖身成爲極富愛惜之心的女孩，扭轉她的形象，使我重新審視，也將她的印象留下一片空白，等待她的揮灑。

形象總令我們既驚且愕，我們過於主觀地瞻顧她的「象」便逕自替她鑄造好了「形」，當她掙脫了既有的框架，我們便驚訝、詫異，甚至不諒解，然而我們卻忘了她從未表達，只是我們硬生生地將她擠入我們所認可的樣貌。（579字）

原文(二)

題目／旅程　段落／全　學校／新莊高中　作者／郭永昱

歐陽修行醉翁亭而悟出與民同樂之眞諦；柳宗元遇西山而抒發不與培塿爲類之體悟；蘇軾遊赤壁而點出物與我皆無盡也之觀點。每一段旅程都帶給人不同的感懷，正因如此，而有了迥異的轉變。

青山矗立高聳入雲，山嵐輕繞在它腰際，夾道的巨木扶疏，雙腳踏在礫石坡上，我們一行人萬事俱備登上山路，攻頂之程就此展開。在行走數小時候稍作歇息，爲下段艱辛的道路做準備。只見殘日西沉，山麓的險惡崎嶇使我筋疲力竭，倏地右腳一滑，我滾落臺階痛苦不堪，只見腳踝腫脹滲出血絲，連站立都須攙扶。在當我心急如焚之際，大家毅然決定背我繼續向前行。此時的我震懾，前方的山徑既

陡且曲折，但他們卻不顧自己早已疲痛也堅決同我攻頂。霎時我才明白，爬山的意義不在你爬得多高，而是那股團隊的精神。

在艱困的小徑中，我們終於覓得一處木屋，屋內主人親切地招呼我們，也爲我的傷口包紮。他佝僂的身軀、銀白的華髮在昏黃的燈光下映入眼簾。我們圍著燒紅的爐火暢談，他幽幽地傾訴他的生平，無妻無子，卻生活愜意，與都市的塵囂隔絕。在他的眼神中，我看見的非寂寞的神情，而是悠然自得的喜悅。原來生活可以如此寡慾！自行燒水煮飯，窗外有著無數的生物及林木相伴，偶爾地登山客來訪。原來如此的生活可以比科技的時代吸引人。

旅程不只是一次經驗，更是一個轉變。使我一改對人的看法，曾經我以爲人皆爲己，而旅程使我發覺在漆黑的夜裡也會有人提著一盞燈照亮。使我拋去對現代的崇拜，昔日我認爲只有生活於高科技的時代、運用電子產品才是眞正的方便、快樂，如今我卻想關上電視，敞開胸懷來擁抱大自然，享受沒有人爲聲響的天籟。

超跑選手林義傑在每一次的旅程中反思自己，使他成爲不只跑步且又出書的作家寫下途中的點點滴滴。旅程不只帶給我們感受，更給予我們轉變。（716字）

解釋

1. 一篇文章，理應夾敘夾議做深入探討爲佳。
2. 兩篇原文皆由同一作者所寫，文章皆用了敘述一件事情爲主，但效果卻有差異。
3. 第一，與題目有關。以〈旅程〉而言，單以敘述一次旅行來詮釋此題，尙稱合理；但對於〈形象〉來說，

不甚切題。

4. 第二，與敘事方式有關。〈旅程〉一篇，在二、三段結尾，皆就旅程中的不同階段，生發各異的感想，較為豐富；〈形象〉卻是在二、三段的冗長敘事後，才在末段以單一感想作結，意旨十分貧乏。

5. 〈形象〉一篇，若能在敘事中，將女孩的形象做不同層次的描寫，或許較好。如一開始她的形象是溫柔內斂，當幹部後變得強悍凌厲，私底下卻樂觀活潑。

改寫原文(一)

★紅色文句處，為對「形象」意涵的各種解讀，充當各段段旨。

形象可以是一種眞誠的累積，由經年累月的言行所鎔鑄；形象可以是一種特意的包裝，瞬間吸引千眾百人的目光。友能輔仁，擇友深交前，對其形象之眞僞，不得不察。《論語》有云：「視其所以，察其所安，觀其所由。」便是審析形象的絕佳方法。

有些人塑造形象，是為了期許自己成為帶動社會向上提升的力量。已故的林杰樑醫師，捍衛國人健康的形象，至今依舊鮮明；吳寶春的謙卑內斂，與人為善，造就了麵包界的傳奇；陽岱鋼異地打拚，責己甚嚴，亦是青年仿效的楷模。

老子云：「皆知善之為善，斯不善已。」若塑造良好形象，是別有用心，那麼便是一種沉淪。像是政治人物為求勝選，打造一個清新能幹的形象；藝人為營造人氣，故作親善大方。只是，僞裝而來的形象，永遠都是脆弱短暫，容易現出破綻的。

形象也會因時代而異，環肥燕瘦都曾經是美的標竿，陶淵明退耕田園，有人直言不知進取，曾幾何時，卻成爲了自由率眞之舉。

每個人的形象，往往隨境而改，絕非一成不變。國中時的班長，雖是女孩，處事卻是果斷凌厲，也因此譽謗紛至。但某次放學，我親見她蹲踞於地，只爲撫弄一隻病狗，臉上流露的溫柔神情，讓我難忘。若只因她的鐵面無私，而肆恣批判，將產生多少誤解？

將入大學的我，三省吾身，努力地琢磨自己的形象，將過去的怠懶與荒唐盡棄，希望在下一個階段，我能以嶄新的形象示人，樂觀開朗，積極勇敢，成爲同儕間的典範。（556字）

原文

18 多點自己的想法，不要通篇敘述

題目／捨得　段落／全

學校／新莊高中　作者／張峻豪

我的舅舅，一位富邦銀行的小職員，在臺北那都市叢林裡努力賺錢、拚業績。他給我的印象，即是一個爲了現在的生活以及未來退休後的日子努力打拚的年輕人。但就在去年，平時省吃儉用的他，竟然花了辛苦打拚下來的積蓄飛往澳洲，爲了追求他的夢想。

其實我舅舅非常嚮往到澳洲當導遊。在看到澳洲的自然美景、人文與生態之後，他就深深的愛上了那塊土地，對那塊土地瞭若指掌。但因爲經濟的關係只好拋下這個夢想。留在臺北努力生活。

在經過幾年後，他發現這樣的生活並不是他要的，他不希望努力賺錢只爲了生存在都市叢林裡，他要實踐他的夢想。於是在做好一切準備後，拋下他的工作，離開他的家鄉到南半球的澳洲圓夢。幾個月後他寄了一張照片給我，裡頭是他帶領著臺灣遊客在雪梨歌劇院旁的照片。

我問他爲什麼願意離開故鄉，放棄工作飛到澳洲呢？他說：「這才是我的人

生，人生不應該枯燥無味，轉個彎想想自己的夢想是什麼；努力追尋，就會有一個最美好且充實的人生，生命也因此有了意義。」（408字）

解釋

1. 通篇敘事，完全沒有在適當的情節處，抒發你的見解。改寫的紅色文句處，即補上所思所感。
2. 前後意念重複，如第三段就把「叔叔去澳洲」再重說一次。
3. 建議把一整篇，濃縮為一段，成為「他例」，如改寫的第二段。
4. 改寫的第三段，引述「己例」相配。

改寫

生而為人，捨與得，往往是我們最難鑽研透徹的課題，因為其間的差異難辨，結果難料，所以讓人懸而難決。我曾經也在其中掙扎迷惘，直到叔叔的出走，才讓我豁然開朗。

叔叔在半年前，為了追尋自己的導遊夢，毅然辭去銀行職務，作別親友，遠赴澳洲。他說，有了實踐，有了追尋，才有我們活著的意義。後來，他寄了張與遊客在歌劇院前的合照給我，裡頭燦笑的臉龐，彷彿告訴我圓夢的美好與喜悅。原來越難忍的割捨，有時便能換得越豐富的報償。

高二初任熱音社長，不斷地思考：課業與社團間要如何平衡？要把心力投注在

哪個地方？後來，我選擇了機會難得的社長一職，捨棄了課餘的讀書時間。後來，當社務忙碌時，我的成績的確慘不忍睹，但夜裡靜思，我在社團習得了更難得的領導統御、抗壓耐力，只要你沒有虛擲光陰，失之東隅，定能收之桑榆。

有人說：「捨與得，好像是我們與上帝之間的某種交換，有時失而復得，有時傾盡所有，只剩虛空。」但我卻認爲：捨，需要滿足與勇氣；得，則需要機運與努力，其間的斟酌損益，仍舊操之在己。更重要的是，不管最終結果爲何，過程中的體會與考驗都足以讓我們不枉此生了。（458字）

19 自我檢討時，用五W法檢驗文章的缺漏

可參看CH1〈II用題目造句編問題，用以找線索〉。

原文

題目／發現自己的不完美　段落／全

學校／新莊高中　作者／李姿儀

在這世界上，沒有人是完美的，就算再怎麼聰明，再怎麼樣貌迷人，甚至是在大家眼中幾近完美的人，都會有缺點。

當我國小的時候，因爲在學校的表現很優異，不僅連任了班長，又是班上的模範生，成績也很突出。但是當我轉學進入雙語資優班後，原本意氣風發的我因爲過度的驕傲，開始在人際關係上出了問題，我開始意識到自己的不完美，開始瞭解到，每個人都會有缺點存在。

雖然沒有人是十全十美的，但是每個人都要學習如何接納自己。就因每個人都有不同的優點、不同的缺點，所以每個人都是獨一無二的。有時候，些許的不完美甚至不是什麼壞事，反而會得到大家的喜愛。當發現到自己的缺點時，也應該去面對它，想辦法改善或解決。

因爲每個人有自己的不完美，所以不應爲了一點小缺陷就對自己自暴自棄。接受自己的不完美，同樣地，也相信自己其實也有很多缺點的。（348字）

解釋

1. 通篇口語，泛泛之論，完全沒切合題目，冗詞贅句亦多。
2. 透過5W的檢查，發現原文仍有許多可以加強的部分。

When	人際關係出問題才開始意識自己的不完美，有沒有更具體的時間點呢？
Why	為什麼你會有這個缺點？為什麼要去改正它？
What	當時出現怎樣的問題？意識到自己哪個缺點？改正之後的結果是什麼？
How	你如何改？採用了哪些方法去修正它？
Where	能不能結合 when 的內容，描述當下的情況呢？

20 大考文章，身分要保密

原文

題目／如果能夠重來　段落／第二段節錄　學校／新莊高中　作者／陳冠宏

我開始告訴自己：「我一定要把桌球練好，我要用桌球證明我陳冠宏不是一個每天只想著玩的小孩子。」果然皇天不負苦心人，我終於被選爲龍華國中體育班的考試培訓員。

解釋

1. 爲求公平，閱卷遇到此狀況，一定會酌扣分數。國中會考作文，並將之歸入零級分。
2. 國中會考的要求，僅爲「不寫出自己姓名」，至於寫出同學名、校名不在此限。但唯恐規則更動，寫作時盡量不要讓人可透過文句，來判別你的身分。可採用下述寫法：

人物方面　我常常認為……、好友對我說……、鄰居常常向我微笑、同學對我打了個暗號……、父親常對我耳提面命、綽號肥仔的同學對我說……

事件方面　在這場寫作比賽中，我發現了自己的不足：我參加學校舉辦的大陸參訪行程。

地點方面　放學後，我回到國中母校，發現……；我住在港都的交通樞紐處……

21 篇章裡，要穿插亮點句

原文

題目／拔河　段落／全　學校／新莊高中　作者／孫建宏

世上所有的競賽都是向前邁進。唯有拔河是一步步向後突破，每後退一小步，都代表著巨大的艱辛與超凡的意志；生命，何嘗不是如此？逆水行舟並非易事，在艱險困難中，與逆境拔河不僅挑戰著體力，更挑戰著自己的志氣。

我自幼學習書法，由於年紀過小，甚至連毛筆都無法拿穩，在平滑紙上寫下的是歪斜無章的鬼畫符，每當給老師批改時，我彷彿是汪洋中的一片孤舟，在同學的嘲笑聲中載浮載沉。那時，我努力地克服身體的限制，相信熟能生巧，不斷地練習拿筆，與之拔河。幾年後，經歷了種種困境，書法字也增添了許多韻味，開始題名於金榜之上，蜂擁而至的讚美聲不絕於耳，快使我以爲自己是多麼地值得驕傲。因此，我不斷地提醒自己：滿招損，謙受益。在安逸享樂之時，應精益求精地追求更高的境界，不能因此而放縱。這時，我與內心的煎熬在拔河。

如何與生命中所出現的逆境拔河，是我們必須瞭解的，擁有一顆堅定的心，能使自己在拔河的過程中持續成長，失敗受挫時，能擁有志氣重新站起，與生生不息

的困頓拔河。（415字）

解釋

1. 原文已有中上水準，但若想臻於上乘，少不了亮點句。
2. 亮點句，即使會讓讀者眼睛爲之一亮的句子，或是引發其讚嘆。可能是修辭極好，也可能是精闢令人垂思的文詞。

改寫

縱觀人生，無非一場場拔河競技所接續而成的。年幼時與夢想較勁，成人後與工作拚搏，垂老之際則試圖與生命抗衡。當兩方拉扯僵持的過程中，要有怎樣的理由，才能使我們緊握手中粗繩，不願輕言放棄呢？

我自幼學習書法，浸淫在黑與白的單純美好。初窺書道，自然挫折重重，除了指肌乏力，柔軟的筆毫亦無法順隨我意，橫豎點捺之間，時而虛浮與時而過重，在白淨的宣紙上留下了歪斜無章的鬼畫符。師長的怒斥與同學的鄙夷，幾令我敗陣而逃。但天生的傲骨撐起了我的失志，反覆練習後，雖未池水盡黑，卻也屢使筆禿墨短，我終能靈活駕馭筆毫，與之靈犀點通。

後來，我的文字韻味更增，開始在各式競賽中，題名金榜。心中的虛榮不斷膨脹，我以爲只要準確掌握評審胃口，便無須持續臨摹的苦功。直至老師向我質問：

「你想成爲一個書法家還是書法匠呢？」我才開始了驕傲與謙卑、怠懶和勤練間的拔河。我回首初衷，非爲名利，而是爲筆畫間的靈氣與脈搏心折，才執起第一根筆管，承接倉頡傾注心力的贈禮。我暫停了比賽的計畫，潛心重摹舊時字帖，才發覺有些曾遺漏輕忽的細節，隨著閱歷漸廣，而有了嶄新的體會。

現在的我，習字已逾十年，靜極思動，開始想突破既有框架，走出自己的風格，與規矩交戰，和傳統拔河。我相信所有藝術都是不停與時俱進的，不同的時代能激盪出相異的火花，創作者在熟習基礎後，更要懷抱著創新的使命，才能引入源頭活水，使這塊園地不致枯竭。

在生命最璀璨的年華，我在書道藝術裡不停地拔河，精於技，進於道，每一場拚搏都是對自我的挑戰，每一次勝利都滋養了我的實力。拔河的重點，絕不是賽後的成敗，而是在拉鋸與僵持的過程中，透過不停地反省與思考，將意志磨鍊成鋼。

（683字）

22 翻案作文，就要徹底翻案

原文

題目／劉備無能　段落／全　學校／精誠中學　作者／劉嘉衍

在東漢三國的時代裡，劉備爲何能夠占有巴蜀四川一地與孫曹抗衡，其重要原因是劉備占有「人和」；其之可以入蜀漢爲王並非其擁有過人的能力，而是他有許多武藝精良和智慧過人的能人志士。

劉備若是無桃園結義而得關、張兩位虎將，無隴中三顧茅廬而得臥龍，我想憑其平庸之能，何能與一世梟雄曹操爭奪光復漢室的霸業？劉備生擁五虎猛將又有孔明等謀士的策畫，入蜀又得漢中，實在也令曹孫之輩頭痛。

劉備本身眞的那麼無能嗎？只能靠其麾下大將、謀士爲其打天下嗎？其實不然，劉備之所以有那麼多位的將士，也在於他本身高尚的品德和禮賢下士，所以他能廣納天下英雄豪傑，相較之下，曹操則容易猜疑部屬，使他損失不少良將。

此外劉備也是一位具有仁心的君主，寧願不顧自身的安危也要保住人民，這點使他成爲深受人民愛戴的君主，從這幾方面來看，劉備雖不能達成統一中國的鴻圖霸業，但他的品德卻得以流傳百世，所以我們可得知一世英雄雖非各處皆優良，但

必有其過人之處。（397字）

解釋

翻案文章，猶如和「既定事實」辯論，從另一角度評論人物，豈能為其辯護，自打嘴巴？

改寫

展讀三國史傳，浪花淘盡英雄，其中有三人成鼎足之勢，相互頡頏。曹操善於謀略，且豪氣干雲；孫權為江東霸主，綜理國務亦有其手段。唯有蜀漢劉備，雖以「仁心」著稱，但可惜的是，有「仁」卻無「能」，劉備似乎胸無經天略地之才，若非文將盡心、武將盡力，劉備入蜀稱帝尚是未定之數。

在劉備逐鹿中原之初，即以「桃園結義」將關、張二人收為己用，並仰賴二人之武藝，在討伐黃巾賊亂中，迅速建立起聲名。而後隆中的茅廬三顧，更請出孔明為其運籌帷幄，之後的鳳雛龐統，所獻火燒連環船之計，更令曹、孫二者敬之畏之。

如此看來，劉備此人雖貴為蜀國之領袖，卻毫無作為，唯一的功勞，也只是將奇人異士糾聚成群罷了。就連赤壁戰後，魯肅來索求荊州，劉備也毫無辯才，只能放聲大哭，活脫似個嬰孩耍賴之行為。

再說劉備喪妻之後，孫吳欲與之聯姻，劉備便前往吳國舉行婚禮，一連數月都

沉浸在溫柔鄉中，流連忘返。要不是隨身武將趙雲稍作提點，恐怕他早已將戍守蜀地的臣民遺忘泰半了。後來因關、張二人之死，不聽旁人勸阻，執意出兵報仇，使蜀兵折損大半，自己也病逝白帝城。

由此數事觀之，劉備不但「無能」，遇事更是「無賴」，經營蜀地也是「無心」至極，相較於孫、曹二人的雄才偉略，劉備能在當時稱霸一方，只是倚仗他人的卓越，成就己身的功業罷了，何足道哉？（536字）

國家圖書館出版品預行編目資料

作文課後：這樣寫也許更好／施翔程著. ——二版. ——臺北市：五南圖書出版股份有限公司, 2025.01
面；　公分
ISBN 978-626-423-075-9（平裝）

1.漢語教學　2.作文　3.寫作法　4.中等教育

524.313　　113020002

1X4P

作文課後——這樣寫會更好

作　　者— 施翔程
編輯主編— 黃惠娟
責任編輯— 魯曉玟
封面設計— 黃聖文、封怡彤
版式設計— 呂靜宜
出 版 者— 五南圖書出版股份有限公司
發 行 人— 楊榮川
總 經 理— 楊士清
總 編 輯— 楊秀麗
地　　址：106臺北市大安區和平東路二段339號4樓
電　　話：(02)2705-5066　　傳　　真：(02)2706-6100
網　　址：https://www.wunan.com.tw
電子郵件：wunan@wunan.com.tw
劃撥帳號：01068953
戶　　名：五南圖書出版股份有限公司
法律顧問　林勝安律師
出版日期　2014年6月初版一刷（共六刷）
　　　　　2025年1月二版一刷
定　　價　新臺幣380元